チャイナショックで荒れ狂う アジアのビジネス・リスク

越 純一郎——代表編著
杉田 浩一
福谷 尚久——編著

B&Tブックス
日刊工業新聞社

序文
アジアのリスクが「見えにくい」のはなぜか?

編集代表 越 純一郎

現象面はわかるが、その原因がわからない

２０１０年に「ＮＨＫスペシャル 灼熱アジア」という番組が放映された。だが、それは灼熱というほどの好景気であるという「現象面」を報じるばかりで、「なぜ、そうなったか」、つまり現象を引き起こした「原因」についてはほとんど語っていなかった。

同様に、２０１５年に日本経済新聞社が編集・刊行した「中国バブル崩壊（日経プレミアシリーズ）新書」も話題を呼んだが、そこでも記述のほぼ全ては「現象面」（株価下落、不良債権増嵩など）に集中していて、「現象を引き起こした原因」についての分析、言及はほとんどなかった。

現象面であれば目の前に見えるから、灼熱の好景気でも中国失速でも、それが起こっていることはわかる。しかし、原因はなかなかわからない。

原因がわからないまま、アジアのリスクの時代が到来している

今日、「アジアの成長をとりこめ」という声はなくなり、「アジアはリスクの海」と言う実務家もいる。ところが、アジア・ビジネスを襲っているリスクの正体・真因が「見えにくい」ことが問題である。たとえば、次のような現地（インドネシア）からの声がある（2015年8月、ジャカルタの鉄鋼関係の日系企業のトップ）。

> 現地の実感としては、さらに景況感が悪化し、もうあきらめの雰囲気さえ出てきている感じです。みなさんは、「こんなはずじゃなかった」と口々に言われます。

この方は、「各社とも口々に、『どうしてこうなったのかわからない』と言うのです」とも語っていた。要するに、「原因が見えにくい」と言うのだ。

前書と本書の関係――リスクが現実化した

「失敗例は隠される。表ざたにしない。」との事情があることは前書[1]の時と同じである。だが、それに加えて、「原因が見えにくい」ため、それによって生じる「リスクも見えにくい」ということが、現時点では重要である。本書はこの観点から編集されている。

つまり、前書は「アジアの見えないリスク」全般を扱ったが、本書ではアジアのビジネ

ス・リスクの「原因」に焦点を当てている。なぜなら、前書を刊行したタイミングでは「アジアの好景気に浮かれていてはならない」ことに警鐘を鳴らし、アジアの景気後退とリスクの潜在・増嵩を広く知って頂くことが必要であったからだ。一方、現在は、予想通り中国経済失速やアセアンの景気後退などは現実となっているので、もはや警鐘の必要はなく、本書では現実のリスクにどのように対処するかに、より重点を置いている。リスクへの対処を考えるためには、リスクの原因を分析する必要もある。本書では(特に第一部で)、それにも大きな重点を置いている。

著名な識者だが、その議論は「見えにくい」(=わかりにくい)

表をご覧頂きたい。この表にある四人は、本書にも登場し、世界に大きな影響を与えている識者で、いずれも著名な方々である。しかし、どの方が述べておられる内容も「目で見てわかる」「日々、実感できる」というものではなく、「見えにくい」ものである。医療に例えれば、交通事故による怪我や骨折なら「目で見てすぐに確認できるし、原因が明らか」であるが、老化や食餌による循環器系の慢性疾患は原因が「見えにくい」のと似ていると言えよう。

これらの四人はそれぞれに著名な識者であり、特にイアン・ブレマー氏とタイラー・

現在、世界に影響を与える重要な事項として 著名な識者が提唱しているものは 「見えにくい」	
イアン・ブレマー (ユーラシア・グループ代表)	国際政治学者。**地政学**の世界的権威。 「自由市場の終焉―**国家資本主義**とどう闘うか」 「スーパーパワー―Gゼロ時代のアメリカの選択」 いずれも日本経済新聞出版社
アンドリュー・メイソン (ハワイ大学教授当時)	**人口ボーナス**の概念を世界で初めて提唱 「人口とアジア経済の奇跡」 “Population and the Asian Economic Miracle” 1997
大泉啓一郎 (日本総合研究所上席主任研究員)	**人口動態の概念でアジアの老齢化**を説明 「老いてゆくアジア」中公新書 2007年
タイラー・コーエン[2] (ジョージメイソン大学教授)	「**人類は容易に収穫できる果実は食べつくした**」と論破 “The Great Stagnation” 邦訳は「大停滞」(若田部昌澄解説、池村千秋 訳) NTT出版 2011年[3]

(出所) 公開されている情報より筆者作成

コーエン教授は、世界の実務家、経営者に大きな影響を与えている。実際にも、イアン・ブレマー氏のユーラシア・グループと日興アセットマネジメント社が、新興国投資に関するパートナーシップを組んだ。[4]

だが、彼らの名前を知っている人は多いかもしれないが、彼らの使用する次のような概念は、わかりにくい(「見えにくい」)のではないか。

地政学、国家資本主義（イアン・ブレマー）
人口ボーナス（アンドリュー・メイソン、大泉啓一郎）
容易に収穫できる果実の枯渇（タイラー・コーエン）

原因が見えにくいから、リスクも見えにくくなる

これらの事項こそ、アジア・ビジネス・リスクを増嵩させてきた真の要因である。だが、そのいずれもわかりにくい。たとえば、「アジアの経済失速には、人口動態が関係している」と言われても、実感を持てない方も多いだろう。実際にも、アジアの日系企業の経営計画が人口オーナス問題に基づいて策定されたというケースは非常に少ない。（そこで本書第一部の補論にて、三井不動産グループの例を御紹介する。）外資系などの一部の実務家を除けば、人口動態も、地政学も、技術革新の停滞も、まだ「見えにくい」状態のままのようであり、そのため、それらがもたらす巨大なリスクにも気づきにくくなる。

要するに、「見えないリスク」は、「見えにくい原因」によって生まれるのだ。

治療法を考えるには、まず原因の特定が必要

たとえば、「中国経済は今後どうなるのか」「中国政府はどうするべきなのか、我々はどうすればいいのか」を人々は知りたがる。医療にたとえれば、「病状変化の予想」と「治療方法（どの手術を選択するか、どの薬剤を選択するか、など）」を知りたがる。[5]

だが、これらを考えるためには、まず疾病の「原因」が何なのか（老化なのか、悪性腫瘍なのか、細菌感染なのか）を分析・確認することが必要である。それなしに「病状変化予測」や「治療法の選択」を論じるのは、そもそもオカシイではないか。これが、本書を刊行する基本的な問題意識である。

たとえば、特に影響の大きい中国経済失速の原因は、次の二つのうち、どちらの性質であると考えられるであろうか。

　抗生物質で治療できる細菌感染のような「一時的・可逆的なもの」なのか、

　それとも、老化などのように「非可逆的」なものなのか。

中国経済失速の原因が語られない理由――「見える原因」と「見えない原因」

賢明な読者はすでに推測されておられるだろうが、要するに、中国経済失速の原因は、医療にたとえれば、「交通事故による外傷や骨折」のようなものというよりも、「循環器系

の慢性疾患」のようなものだと考える必要がある。

交通事故で生じた外傷や骨折ならば原因は明らかで、「簡単に確認できる」。しかし、循環器系の慢性疾患の原因を探るには、様々な「検査」が必要である。検査結果から「診断」をくだすためには、「理論的な裏付け」が必要である。特に、経済学（人口動態、生産関数など）、及び地政学である。

人口ボーナス終了で失速した中国経済と老いるアジア――Aging Six（老いつつある6か国）

筆者は2012年初に「リーマンを上回るチャイナ・ショックの衝撃」という小論を公表した[6]。そこでは、「中国の人口はタイの20倍。とにかく規模が大きいので、タイの経済への影響も甚大である。中国経済がクシャミをすれば、日本経済は風邪をひき、タイはインフルエンザかもしれない。」といったことや、中国経済失速の原因として世界の識者や専門誌が論じている内容を紹介した。

本書は中国だけを扱うものではないが、中国経済失速の影響は巨大である。しかも、リーマンショックの時とは異なり、世界全体の状況が悪いので事態は実に深刻である。リーマンショックの際には、中国自身が四兆元対策を実施し、日本でも数次にわたって大規模な財政政策[7]が発動された。ブラジル他の国々の経済も好調だったし、「アジアの成長を取り込め」という声がどこにもあって、ＮＨＫはアジア諸国の好況を伝える「ＮＨＫスペシャル　灼熱アジア」を放映した。[8]

だが、現在はどうか。ヨーロッパ（中国の最大の輸出先である）もアジアも南米も、失速する中国経済を支える余力はなく、むしろ中国経済失速によって自国経済が足を引っ張られている。こうして中国だけでなく、アジアの大半の国が景気後退に見舞われた状況になっている。

そうなった原因に関して、人口動態を抜きにして語ることはできない。これまであまり意識されてこなかったが、中国経済失速を招いた最大の原因である「人口ボーナス期の終了」は、本書第一部で詳述する通り、ほぼ同時に韓国、台湾、香港、シンガポール、タイの5か国にも生じている。「見えにくい」から意識されてこなかったものの、この6か国がほぼ同じ時期に同じ原因で経済停滞に突入したのだ。

第一部で解説する人口ボーナス期（＝経済成長が著しい時期）を、日本は１９９０年代前半に終了し、人口老齢化によって経済の停滞が継続する状態に突入している。その日本に20年ほど遅れて、近年、「中国、韓国、台湾、香港、シンガポール、タイの計6か国」がほぼ同時に人口ボーナス期を終了した。

日本をAged Japanとすれば、これら6か国はAging Sixである。２０１３年から

2015年にかけてアジア全体の景気が後退したのは、この時期にAging Sixがほぼ同時に人口オーナス期（＝経済が停滞する時期）に突入したことが大きく影響していると断言できる。

この中国を含むこれら6か国を合計した経済規模は非常に大きい。そのため、Aging Sixが同時に景気後退を始めれば、「まだ人口が若い国々」の景気も悪影響を受けるのは当然である。前述したインドネシアなどの苦境の大きな原因は、これである。

本書の目的と構成

アジア経済の失速は、あらゆる場面でビジネス・リスクを巨大にする。であれば、アジア経済が失速した原因が何であるのかを追究することは、何にもまして重要である。**第一部**では、これを幾つかの重要な角度から扱う。特に、**人口動態**と**地政学**の両面から、世界の識者が唱えるリスク分析やその枠組みを紹介する。識者とは、アンドリュー・メイソン教授、大泉啓一郎氏、タイラー・コーエン教授、そして**イアン・ブレマー氏**である。今回、イアン・ブレマー氏が代表を務める**ユーラシア・グループ**からも原稿を頂いたことは感謝にたえない。[9]

第二部は、「リスクの海の戦士に贈る武器と海図と羅針盤」と題している。アジア・ビジネスに携わる諸氏のために、最高レベルの実務家から、またとない貴重な論考を頂くことができた。

とりわけ、小西史彦様[10]のインタビュー内容をお伝えできることは、本書を編むに当たって最大の喜びの一つである。また、対談して頂いた福谷尚久氏と杉田浩一氏は、アセアンと日本の金融市場において長年にわたりM&Aバンカーとして赫々たる成果を上げてこられた著名にして熟達のお二人である。さらに、フォレンジック・リスクに関する世界的な巨頭であるクロール社（アジア太平洋地区統括責任者 影山正氏、日本支社代表 村崎直子氏）からも貴重な論考を頂いた。こうした世界的な専門家にご協力頂いたことは編集者冥利に尽きることで、読者諸氏には広く活用して頂きたいと衷心より願っている。

一方で、「アジアに特有のリスク対応実務」もあるが、「世界共通のリスク対応実務」ももちろんある。普遍的な原理や原則である。「1＋1」は世界のどこで誰が計算しても2であるように、アジアにも欧米にもどこにも共通する原則・原理は、もちろん存在する。第二部の補論において、若干だが、それを扱っている。

第三部は、多数の実務家による実務リスクの現場報告である。10名以上の実務家からの寄稿を頂いた。過半数は、弁護士、経営コンサルタントなどの外部専門家の諸氏である。なぜならば、リスク関連事案や失敗事例を当事者企業に語って頂くことはむずかしいのだ。そこで、外部専門家に語って頂いたのである。[11]

第三部では、中国以外に、タイ、インドネシア、フィリピン、インドを扱う。中国や韓国などのAging Sixが再び高度成長を実現する可能性がないとするならば、「次のフロンティアはどこか？」「最後のフロンティアはどこか？」も、当然の関心事だからである（だが、楽観は許されない）。本書は、こうして「見えないリスク」を生じさせている「見えにくい原因」を少しでも見えるようにすることを目指している。

そして、本書の最終章は福谷氏による「アジア・ビジネス千夜一夜」。インドも含めたアジア全体に触れた、本書の締めくくりに相応しい珠玉のエピローグである。

豪華執筆陣と関係者への感謝

本書を世に出すことができたのは、日刊工業新聞社殿が世に先駆けて人口動態の変化に伴うビジネス・リスクに注目して、２０１１年頃から実務家への情報提供を開始されるという先見性を有しておられたことが大きい。実際の編集作業は、同社の出版局書籍編集部部長である鈴木徹様の努力と貢献に支えられていた。読者諸氏が本書に何らかの意義を見出されたときには、その背後に鈴木様による熟達した水際立った出版実務があったことをご想像いただければ嬉しい。

また、共同執筆者には、ユーラシア・グループ、クロール社などの世界的な専門家に加わって頂けたことは、私としても本当に驚いている。これほどのことは我が国でも初めてではないか。更に、巻頭言を賜った渡辺利夫先生は、我が国におけるアジア経済の研究者として、深い見識と長きにわたる研究実績を有する第一人者のお一人である。更に、杉田浩一氏と福谷尚久氏は著名なM&Aバンカーで、お二人の見識と発言は多くの実務家にお聞かせしたいものの、実際にはそうした機会がほとんどないので、本書でそれを実現できたことは意義深く喜ばしい。今回、お二人には本書の共同編集者として、共同執筆者として多大なご協力を頂き、特に、杉田氏には小西様のインタビューのためにマレーシアのペナンにまで赴いて頂いた。

こうした、考えられないほどの素晴らしい執筆陣に御協力を頂けたことに、この場を借りてお一人お一人に衷心より御礼申し上げるとともに、本書が、かかる専門家のエキスパティーズが実務界で活かされるための一助となることを願うものである。

1 越純一郎編著「アジアの見えないリスク」日刊工業新聞社2012年

2 Foreign Policy誌「世界の思想家トップ100」にランクイン（2011年）、英国エコノミスト誌が「世界に最も影響力をもつ経済学者の一人」（2011年）に選ぶなど、世界に大きな影響を与えている。

3 同書の第一章『「容易に収穫できる果実」は食べつくされた』では、イノベーションを含む「容易に収穫できる果実

(low-hanging fruit of modern history)」は食べつくされたとしている。

4 両社のプレス・リリース「日興アセット、米ユーラシア・グループと新興国投資でパートナーシップ」(https://www.nikkoam.com/files/lists/release/150330_01_j.pdf　2015年3月30日)によれば、「日興アセットマネジメント株式会社(本社：東京都港区、代表取締役社長兼CEO：柴田拓美、以下、「日興アセット」)と世界の政治リスクを分析するコンサルティング会社ユーラシア・グループ(本社：米国ニューヨーク、社長：イアン・ブレマー)は、日興アセットのマルチアセット運用戦略にユーラシア・グループが独自開発した政治的リスク指標を活用することで合意した。世界的に増大する政治および経済的懸念を背景に、地政学的リスクの評価・分析と資産運用、それぞれの分野で高い専門性を誇る2社が、リスクをコントロールした新興国投資ソリューションの提供において協力体制を構築します。」

5 2015年12月にユーラシア・グループのイアン・ブレマー代表が訪日した際の講演会(複数回行われた)でも、この点に質問が集中する傾向があった。

6 越純一郎「リーマンを上回るチャイナ・ショックの衝撃」月刊プロパティマネジメント2012年2月。

7 「安心実現のための緊急総合対策」(平成20年8月 福田内閣)、「生活対策」(平成20年10月 麻生内閣)、「生活防衛のための緊急対策」(平成20年12月 麻生内閣)、「経済危機対策」(平成21年4月 麻生内閣)

8 2010年。第1回「タイ　〝脱日入亜〞日本企業の試練」、第2回「中東　砂漠の富の争奪戦」、第3回「インドネシア　巨大イスラム市場をねらえ」、第4回「日韓中　緑色戦争」。

9 同氏の単行本という形態以外では、我が国で初めて上梓されるものではないか。

10 マレーシアのテクスケム・リソーセズの創業者、会長。同社を1973年に創業し、年間売上高300億円超の複合企業体に育て上げ、マレーシアを初めとするアセアン諸国7か国で、製造業、外食、サービス業等を展開。この間、長年にわたり、アセアン諸国に進出する日系企業を支援。2007年、マレーシア国王より、民間人として最高位の「タンスリ」の称号を受ける。2015年、日経産業新聞に15回にわたり「ASEANビジネス記40年」を連載。

11 因みに、執筆者を選定する過程でお目にかかった経営コンサルティング企業の方々は、異口同音にこう言われた、「ウチは、中国からの撤退に関するトラブル事案であれば、相当な案件数を手がけていますよ。」

巻頭言

チャイナリスクのマクロ構造
――「発展方式の転換」から「新常態」へ

拓殖大学学事顧問・前総長
渡辺　利夫

アジアのカントリーリスクといった場合には、やはりこの地域の経済大国である中国の動向のことを論じなくてはなるまい。良くも悪しくも、現在の中国はアジアの重大な変動要因である。この中国がリーマンショックを経て間もない頃から、長期停滞局面に入ったと私は見ている。このことを中国のマクロ構造的な要因から説いてみたい。

中国が現在の成長パターンを続けるならば、やがて深刻な成長反転を余儀なくされよう。胡錦濤前党総書記は共産党の指導原理として、人間本意の持続的で安定的な成長の必要性を説く「科学的発展観」を唱え、実現すべき目標として、階層間で調和の取れた「和諧社会」を謳ってきた。しかし、胡政権下において階層間の所得分配は逆に不平等化傾向を強めた。消費性向の高い下位階層に所得が薄くしか分配されなかったために、家計消費が盛り上がることはなかった。また、欧米経済の低迷により、久しく「世界の工場」と言われてきた輸出も鈍化した。結局のところ、高成長維持のためには投資に依存する他なかったのである。

投資の主役を担ったものが、一つには、中央政府管轄下の独占的・寡占的国有企業（「央企」）であり、もう一つが、地方政府という中国に固有な経済的プレーヤーである。投資をこの二つの主体に委ねている間に、彼らは容易には打ち壊すことのできない「利益共同体」として形成され、投資が投資を呼んで中国経済は非効率的な資本の蓄積に苦しめられるに至った。

ひとかどの指導者であれば、この経済のありようの危うさと怪しさがわからないはずはない。事実、胡政権は「発展方式の転換」をスローガンとして掲げてきた。しかし、転換はなお遙かなるものとして残され、習近平新政権を悩ませつづける課題となっている。転換の必要性が認識されながら、どうにもこれが実現できないという「自縄自縛」に中国ははまり込んでいる。李克強首相が今年の全人代（全国人民代表大会）で打ち出したスローガンが「新常態」であるが、「発展方式の転換」の言い換えにすぎない。待っているのは、投資反動不況ともいうべきハードランディングの危険性である。そのリスクを見据えてのことであろう、日本企業の対中投資はかつての勢いは完全に欠いている。

中国のマクロ経済構造を日米と比較して示した**図表1**を眺めてみよう。中国の投資（固定資本形成）率は2000年を前後する頃から急速な伸びをみせ、現在、45％に近づきつつある。異常な高率である。発展国の中で史上最高の投資率を達成したのが〝いざなぎ景気〟時の日本であり、そのピークは39％（1969年）であった。日本の成長過程を「圧縮」して超高成長過程を歩んだ〝漢江の奇跡〟時の韓国も39％（1991年）であった。日韓以外に、これほどの高投資率を実現した先進国はない。日韓もこのレベルを超えたことはその後なかった。

現在の中国の投資率は、発展国の歴史的最高値である日韓のそれを数％上回る。図表1からは、最終需要である家計消費率が一貫して下降を続け、今日、38％という日米に比べてはるかに低いレベルにあることがわかる。最終需要の裏付けを持たない投資主導の経済成長が、長期にわたって持続することはない。投資は最終需要の家計消費に結び付いて、経済の一循環が終了する。投資が最終需要にまでいきつく時間は投資形態によって一様ではないものの、長期的視点に立つならば、家計消費を置き去りにして投資のみが一方的に増加することはない。中国の「発展方式」はいかにも異様であり、その「転換」の必要性を叫ぶのは、指導者であれば当然のことであろう。

投資のこのような高率は、当然ながら、投資効率の低下となって表れる。1単位の生産

図表1　日本・米国・中国における固定資本形成・家計支出・純輸出の対GDP比の推移
（1955～2015年）

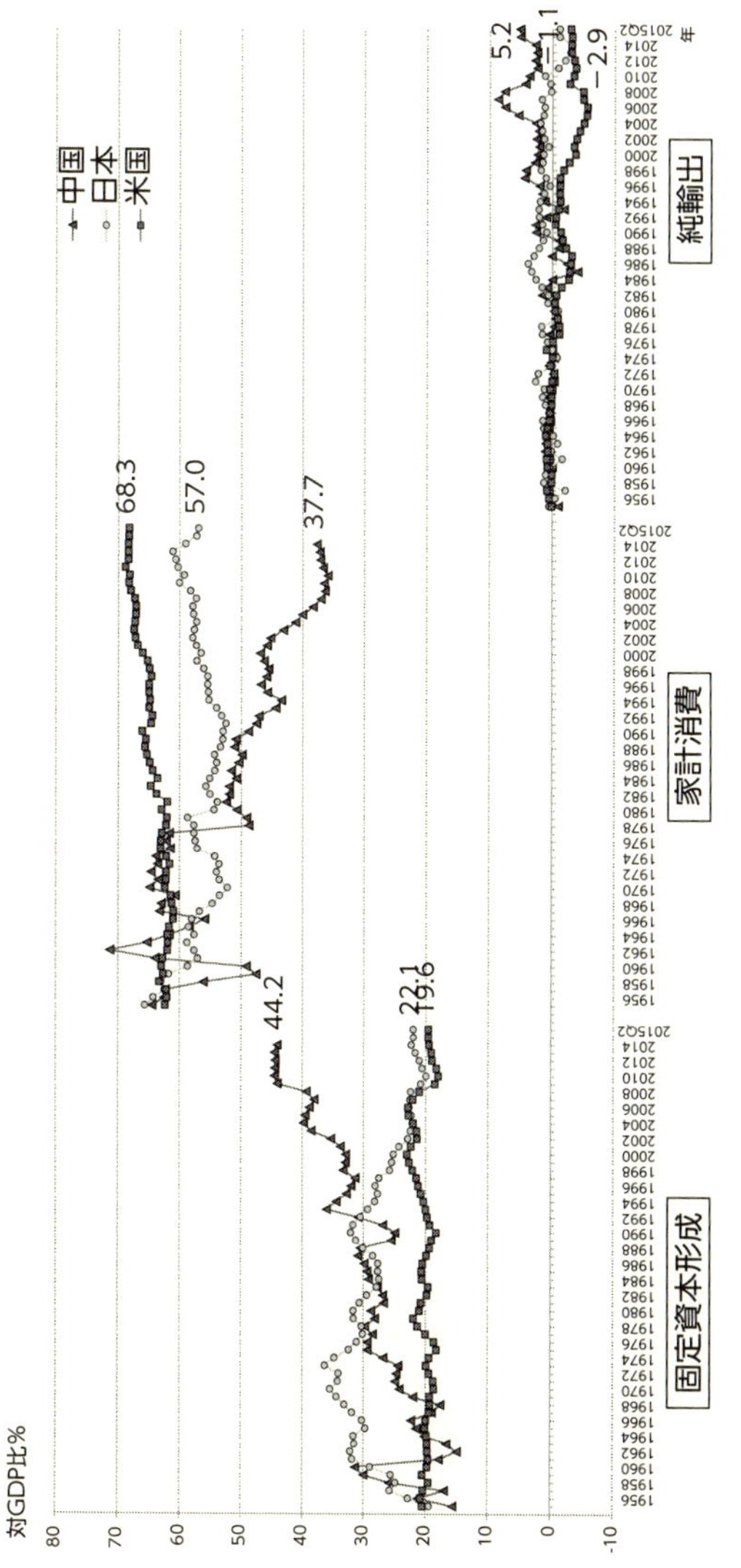

（資料）各国統計

増加に何単位の投資増加が必要かを示す、マクロ経済の効率性指標が限界資本係数である。この係数が高いほどその経済の効率性が低いことを示す。東アジアの高成長期における同係数は、日本2・9（1966〜70年）、韓国3・1（1986〜90年）、タイ3・2（1987〜91年）、インドネシア3・2（1989〜93年）であった。

中国の同係数は時間の経過とともに増加の一途をたどった。**図表2**を見られたい。2000年代に入るまで4未満にあったこの値は、2000年代前半に4を超え、2011〜14年には実に6・12に達した。高度成長期の日本、韓国の値はそれぞれ2・90、3・12であった。中国は日本の2倍以上、韓国の2倍近くの固定資本を投入しなければ同率の経済成長率を実現できない。

資本の累増は、生産設備の過剰となって表れる。特に、リーマンショック後の景気刺激策として展開された4兆元（56兆円）という大規模な財政出動ならびに金融緩和は、かねて深刻なものと懸念されていた主要産業の過剰設備問題を顕在化させた。設備過剰率は鉄鋼、セメント、アルミ、板ガラス、造船、自動車において25〜30%である。在庫の山を築き稼働率を落とし価格低下を招いてこれがデフレ圧力となる。卸売物価指数は2012年以降低下の一方である。昨年ならびに今年の第Ⅱ四半期の求職者数もマイナスである。AIIB（アジアインフラ投資銀行）や「一路一帯」計画などは、中国の過剰生産能力の

図表2　限界資本係数

	高度成長期（年）	実質GDP成長率（年平均、%） A	投資/GDP（名目） B	限界資本係数 B/A
韓国	1986-90	9.65	30.09	3.12
インドネシア	1989-93	8.30	26.79	3.23
マレーシア	1992-96	9.56	40.37	4.22
フィリピン	1986-90	4.74	19.01	4.01
タイ	1987-91	10.94	34.99	3.20
日本	1966-70	11.56	33.50	2.90
中国	1981-89	10.50	36.25	3.45
	1990-99	10.66	36.67	3.44
	2000-05	9.76	38.69	3.97
	2006-10	10.89	43.81	4.02
	2011-14	7.60	46.53	6.12

（注）中国を除く各国の期間は5年平均で実質GDP成長率が最も高い期間。中国は期間中の年平均成長率。投資は国民経済計算における総固定資本形成。
（資料）中国以外は『通商白書 2007年』より引用、中国は『中国統計摘要』（2015年）より作成。
（図表2は日本総合研究所　三浦有史氏の計測による）

「捌け口」をもとめての構想であろうが、にわかに効果を発するというわけにもいくまい。

　図表1に示される家計消費率の、2000年代に入ってからの低下傾向には歴然たるものがある。この低下をもたらしたものは所得分配の不平等であり、ますます強まる不平等化傾向である。多くの実証研究は、2000年代に入り今日に至るまで、所得階層

間、都市農村間、都市内部、農村内部のいずれから見ても、分配の不平等度を示す指標（ジニ係数）が一貫して上昇傾向をたどったことを伝えている。中国はブラジルやメキシコなどとならぶ世界有数の不平等国家である。あるエコノミストはこれを中国の「ラテンアメリカ化」と表現する。

消費性向において高い階層が低所得者層であり、高所得者層ほど消費性向が低下することは経験則である。消費性向とは、可処分所得に占める家計消費額の比率である。所得分配の不平等化とは、消費性向の高い低所得者層への分配が相対的に低いために、社会全体の消費の盛り上がりを抑制する要因となる。このことを国内総生産の分配面から見ると、「労働報酬率」（労働分配率）の低下となって表れる。賃金支払い総額の国内総生産比は、１９８０年代には年平均17％、１９９０年代には13％、２０００年代には11％、２０１０年代では10％を割り込んでいる。中国の経済成長は低所得者層ならびに賃金取得者を不利化し、成長の成果を社会に還元することなく持続されてきた。

高成長を持続してきたのだから、低所得者層といえども所得の絶対的水準が上昇したことはまぎれない。しかし、年金、医療、失業、生活保護を含む社会保障制度が低所得者層の将来不安を払拭して、彼らの消費増加を誘うまでにはいたっていない。「和諧社会」の実現こそが胡錦濤・温家宝体制のレゾン・デートルあったが、現実は所得分配の著しい不平等化傾向であった。

中国は投資に強く依存している経済である。投資の主体はいったい誰か。一つが、中央政府の直接的な管轄下にある独占的・寡占的国有企業すなわち「央企」であり、もう一つが、中国に固有な経済的プレーヤーとしての地方政府である。

国有企業とは、その資本を国家によって完全に所有される「国有企業」、ならびに資本は国家によって完全には所有されていないものの経営支配権を国家が掌握する「国有持ち株企業」の二つの合計である。この国有企業は、いわゆる「戦略的再編」を通じて、企業数はもとより、生産額、就業者数においてもその比重をみるみる減少させてきた。だが、この事実は、国有企業が外資系企業を含む私営企業との競合に敗れたこと、つまり「国退民進」を意味しない。国有企業の「戦略的再編」という党・政府の明瞭な意思の帰結である。

画期は、1999年9月の第15期第4回中央委員会総会による「国有企業の改革発展の若干の重要問題に関する決定」であった。この決定を受けて、資源開発、エネルギー開発、通信、鉄道、金融の五つの中核的分野の特定国有企業が優先的拡充の対象となり、それ以外の企業は民営化されることになった。5分野の特定企業は、2003年3月に創設された国務院国有資産監督管理委員会の直轄的企業として組み込まれた。「央企」と称される巨大国有企業集団の登場である。現在、約11万社を数える国有企業のうち、央企はわずか112社である。国有資産監督管理委員会が発足した2003年時点では196社であった。

央企の規模がいかに大きいかは、米国の経済誌『フォーチュン』が毎年発表する世界売上高上位企業調査の中に表れている。売上高上位500社のうち央企は2003年には8社であったが、2010年には38社、2012年には73社、2014年には112社に増加した。日本の企業の2倍の数である。売上高上位10社に含まれる央企は、第2位に中国石化（シノペック）、第4位に中国石油（ペトロチャイナ）、第7位に国家電網（ステートグリッド）の三つが顔を出す。

央企が圧倒的な地位を確立したのは、リーマンショックからの脱却を求め政府が緊急景気刺激策として4兆元を支出して以来のことである。公共事業の特権的受注や銀行による優遇融資の恩恵を豊かに浴したのが央企である。11万社を数える国有企業の利潤総額、上納税額のうち、112社が占める比率は、それぞれ57％、61％である。央企が政府の厚い優遇策を受けて激しい投資拡大を持続したことの帰結が、この数字の背後要因である。

央企とは、ある種のホールディングカンパニー、つまりは株式取得価額の合計が50％を超える会社を傘下に擁した持株会社のごとき存在である。親会社の央企が子会社の経営支配権を握るには50％以上を出資すればよい。また、この子会社が傘下の孫会社に50％以上の出資をすれば、その経営権は子会社、したがって親会社が握ることになる。央企とは、このような重層的な経営支配メカニズムを擁して肥大化を続けてきた。

国有資産管理監督委員会の資料によれば、央企は企業規模に応じて3級の子会社を擁する。その事業所数は、1級3900社、2級1万3000社、3級5500社である。それぞれに対する国有資本の払込資本比率は、平均で92％、88％、83％である。これらのトップマネージメントの座には、党幹部や彼らに繋がる人々が就く。かくのごとく重層的に形成された央企のクラスターは、誰もがこれを制することができない堅固な利益共同体として肥大化を続けている。

中国は国有企業という計画経済部門を縮小し、民営企業や外資系企業の拡大を通じて市場経済化の道を突き進んで今日を築いたというイメージを抱く人が少なくないが、誤解である。中国の市場経済化は2000年を前後する時点で終焉し、その後は「国家資本主義」（ステート・キャピタリズム）ともいうべき形態の経済へと変じたのである。

中国には「官僚資本」という表現がある。企業が政治権力と結託して資産規模の極大化を図る中国流の経営方式である。共産革命以前の中華民国期に、蒋介石、宋子文、孔祥煕、陳果夫・陳立夫兄弟などの「四大家族官僚資本」と称された浙江財閥が築いた富は、巨大であった。四大家族は、銀行総数の70％、鉄鋼生産量の90％、発電量の67％、セメント生産量の49％、繊維生産量の60％、石油と非金属においては１００％のシェアを占めた。官僚資本による独占・寡占資本の形成である。

「官僚資本」は中国の伝統である。中国の歴史研究者のエチアヌ・バラーシュはこう言う。「文人官僚の国家があまりに強大だったので、商人階級はこれと公然とたたかって、それから自由や、法や、彼ら自身による自治をかちとることは敢えてしようとしなかった。中国の実業人は、ほとんど常に、たたかうよりもむしろ妥協に到達することを選んだ」

「改革開放」と名づけられる市場経済化を主導してきたのは共産党官僚であり、彼らが掌中にした特権的権益はかつてと同じく、今日、なお巨大である。少数の独占的・寡占的国有企業が金融はもとより諸種の優遇措置を受けて市場シェアを著増させる一方、民間企業の経営が思うにまかせず次第に市場からの退出を余儀なくされているという、要するに少数の特権的国有企業の独占・寡占化傾向に対する警句が「国進民退」である。

中央企とならんで、もう一つ、中国を投資主導経済たらしめた主役が地方政府である。中国の地方政府は単なる行政単位ではない。地方政府は、傘下の国有企業、銀行、開発業者を束ねる利益共同体の主導者であり、中国経済を動かす重要なプレーヤーである。地方政府は企業投資や銀行融資に恒常的に関与し、外資系企業や外国資金の導入に大いなる力を発揮する。

地方政府の注目すべき動向が、土地譲渡収入の拡大である。中国の土地は全人民所有つまり国有であるが、土地の使用権はきわだって長期化している。使用権の長期化は所有権を曖昧なものとする。地方政府は曖昧化した土地使用権の認可権限をもち、農民や都市住民に安価な補償費を支払って土地を収用し、これを開発業者に転売し、開発業者が都市開発や工場団地に仕立てる。

この過程で、地方政府は、土地譲渡収入はもとより、不動産取得税、土地使用税、土地増値税を手にする。これらは「予算外数入」として公式の予算に組み入れられることなく、地方政府の裁量によって支出することができる。財政資金ではあるが、地方主管部門が自由に徴収、使用可能な「第二財政」というべき存在である。

地方政府の土地譲渡収入は地方の本級収入たる「予算内収入」の7割を超える高さにある。リーマンショック後の緊急経済対策費は4兆元として知られるが、同時に地方政府が独自に財政を出動させ、その合計は18兆元（252兆円）に達するという（慶應義塾大学徐一睿氏の推計による）。

共産党独裁の中国においては、上級の共産党地方委員会が下級の委員会に対する圧倒的な権力者である。各級の党書記は上級党委員会によって決定・任命される。その評価基準は各級政府の経済成長率に他ならない。成長を促すものが産業振興、インフラ建設、都市開発などの「生産的」投資であり、社会保障、医療、環境、教育などの「非生産的」投資は、成長促進に即効的効果をもたないために優先度は低い。末端に位置する地方政府相互の熾烈な競争が、中国の投資率を一段と高いものとしている。

一つには、国家資本の潤沢な供給を受けて活況する独占的・寡占的中企の投資拡大、もう一つには、地方政府の野放図な投資衝動の発揚。中国経済の図表1に表された圧倒的な投資依存は、この二つの主体の行動様式の帰結である。

投資依存型の高成長経済を脱して消費内需依存型の中成長経済への移行を求める「新常態」を表明したのは今年3月の全人代（全国人民代表大会）であったが、景気減速がここまで明瞭になればそうも言ってはいられない。人民銀行は昨年11月に2年4ヵ月ぶりに利下げを実施、今年に入って追加利下げを4回連続して行い、預金準備率も引き下げた。同時に政府は金融機関に対しインフラ建設企業や不動産開発企業への融資規制を再び緩和方向へと転じた。新常態とは辻褄の合わない方策である。

しかし、利下げや金融緩和にもかかわらず企業の資金需要は高まりを見せない。投資過剰感の薄かったリーマンショック後の緊急景気刺激策としての利下げは、企業の資金需要を高めた。しかし現在の企業には利下げや金融緩和に反応する気配は少ない。人民銀行は毎年3000余の銀行に対して企業の資金需要を問うアンケート調査を実施しており、資金需要判断指数（DI）として発表している。「増加」企業数から「減少」企業数を差し引いた数を標準化した値である。このDIが2013年第Ⅲ4半期以降、昨年一杯はは一貫して下降中であった。

過剰投資の裏側には過剰債務がある。非金融企業の債務残高は厖大である。ちなみに日本のバブル最盛期1989年の非金融企業の債務残高の対GDP比は132％であったが、中国の2014年の同値は157％である。バブル期の日本の企業が本業を離れて土地や株式などへの「財テク」に走って自滅したのはよく知られた事実である。緊急刺激対策後の中国企業は、鉄鋼、セメントなどで新規投資をなおやめず、さらにそれに倍する企業が不動産開発企業などへの高利貸出に代表される財テクに精出している。日本の「住専」への厖大な投資と相似である。

日本では金融引き締めや総量規制が地価や株価の急落を招いてバブルは沈静化した。企業は設備投資を抑え込んで厖大な債務の返済を優先し、１９９１年以降の金融緩和をもってしても投資の回復は成らず長期の「平成不況」にはまり込んだ。対ＧＤＰ比で日本を上回る今日の中国企業が新規借り入れに抑制的であり、資金需要ＤＩの低下がつづいてデフレが恒常化する可能性が高い。デフレによる販売価格の低下は、企業収入を圧縮し、企業債務の実質的負担をその分大きくする。債務をいちはやく返済しようという誘因が強く働き、新規投資は容易に喚起されまい。中国は日本のバブル崩壊とその後の平成不況に類する長期経済低滞局面に入ったと見てよい。

CONTENTS

チャイナショックで荒れ狂う　アジアのビジネス・リスク

序文
アジアのリスクが「見えにくい」のはなぜか？……1
編集代表　越　純一郎

巻頭言
チャイナリスクのマクロ構造―「発展方式の転換」から「新常態」へ……14
拓殖大学学事顧問・前総長　渡辺　利夫

第一部
アジア・リスクの真相
―人口動態リスクと地政学的リスク……35

第一章
人口動態リスクとチャイナショックの真相……38
株式会社せおん　越　純一郎

第二章
グローバル企業として注目すべき2016年の世界10大リスク要因とアジア地域へのインプリケーション……60
ユーラシア・グループ／日本オフィス代表　坂口　恵

補論
経済圏の人口年齢構成と経済成長の関連性……86
三井不動産投資顧問株式会社　飯島　中夫

第二部
リスクの海の戦士に贈る武器と海図と羅針盤……91

第一章
アジア・ビジネスの王道
――テクスケム・リソーゼズ　小西史彦氏との会談（聞き手：杉田浩一）……94

CONTENTS

第二章
「日本の常識」は「世界の非常識」？
——リスクの荒海を漕ぎ切るためのヒント……140
ＰｗＣアドバイザリー　福谷　尚久

第三章
対談「アジアＭ＆Ａリスクの現実」……163

第四章
アジアにおける不正・コンプライアンスリスク……182
クロール・インターナショナル・インク　影山　正・村崎　直子

〈補論〉
リスク対応の一般理論からの幾つかの教訓……202
株式会社せおん　越　純一郎

第三部
アジア・ビジネス・リスクの実況報告とリスク対応具体論……207

〈事例1〉中国現地法人撤退時の関門――経済補償金……210
山田ビジネスコンサルティング株式会社　池野　幸佑

〈事例2〉中国撤退トラブル――合弁解消の激闘……215
株式会社アジアン・アセットリサーチ　菱村　千枝

〈事例3〉中国撤退リスク――経営状態による判断……219
唯来亜可亜企業管理咨詢（上海）有限公司　高田　勝巳

〈事例4〉中国事業リポジショニングの重要性……224
株式会社KPMG FAS　舟橋　宏和

〈事例5〉
タイ・意外に厳しい外資規制……229
長島・大野・常松法律事務所　佐々木　将平

〈事例6〉
タイでの登記手続、合弁契約リスク……234
西澤綜合法律事務所　西澤　滋史

〈事例7〉
タイの追徴課税……239
タレンテックス　越　陽二郎

〈事例8〉
インドネシア―将来のリスクを見据えた合弁契約の締結を……244
長島・大野・常松法律事務所パートナー　福井　信雄

〈事例9〉
インドネシア進出企業のマネジメント
―事務系管理職の確保が課題……249
KPMGジャパン　石渡　久剛

〈事例10〉インドネシアの「甘い話」と日本企業
――バリ島のリゾート開発のヨタ話……253
グレース・トラスト合同会社　アリ・ウィドド（Ari Widodo）

〈事例11〉フィリピン進出――『その「グレー」、本当にグレー？』……259
C&G法律事務所　岡﨑　友子

〈事例12〉インドM&A、理論を超えた実戦……264
GCAサヴィアン株式会社　依田　和之

終章
アジア・ビジネス千夜一夜……270
PwCアドバイザリー　福谷　尚久

第一部

アジア・リスクの真相

―人口動態リスクと地政学的リスク

本書の構成を次のように整理することも可能である。

第三部 ミクロ 個別事案におけるリスクの実態

第二部 セミ・マクロ 個別事案に共通するリスク対応の具体論

第一部 マクロ 全ての個別事案を包摂し影響を与える外的環境

第一部で扱うマクロ・ファクターは、実にやっかいなものである。実務への影響が巨大なのにコントロール不能なのだ。これには地球温暖化や天災もあるが、本書では**人口動態要因**（第一章）と**地政学的リスク**（第二章）を扱う。マクロ・ファクターを織り込んだ実務の構築は容易でない。それを事業計画に折り込めと言われても、立ち往生してしまう実務家は多い。だが、それは確実に実務に影響し、そのネガティブ・インパクトは確実に利益を蝕み、リスクは増嵩する。

さて、地政学的リスクに関する世界の第一人者として著名な**イアン・ブレマー**氏が率いる**ユーラシア・グループ**からの論考が第二章である。同氏は現在のアジアの地政学的リスクは他の地域よりもマシであると判断されているが、本書では地政学という用語が人口に膾炙しているとは言えない状態に鑑み、そもそもそれがどのようなものかを知って頂けるような原稿をお願いした。

同氏のこれまでの様々な論考には人口動態に関する言及は少ない。そこで、第一章で人口動態を詳述し、補論では人口動態を重視した企業経営の実例として三井不動産グループの例をご紹介する。補論執筆者の飯島氏は、「人類全体としての人口ボーナス期は2012年に終了した」という驚くべき事実を明らかにされた。人類のこれまでの時代は、生産年齢人口比率が「上昇する時代」だった。今後はそれが「低下する時代」となる。人類は新しい局面に突入したのだ。

中国経済失速の基本的原因も（資本不足や技術革新の停滞ではなく）人口ボーナスの終了であることは既に広く認識されている。人口動態と経済成長が深く関連することは中国だけでなく、どの国でも同じで、**どのアジア諸国でも問題は同じである。**

人口ボーナス期は（第一章で説明する通り）、いったん終了すると二度とない。つまり、老齢化した人口は元に戻らず、その状態は半永久的に続く。だが、この「人口ボーナス終了後」にいかなる事業モデルや投資モデルが適切なのかについて、まだ人類には答えがない。これは、政府や日銀の一部の方々を含め、世界の先見性ある識者の多くが共有する認識と言えよう。

人口ボーナスの終了は経済状況の悪化をもたらし、経済状況の悪化はビジネス・リスクを増嵩させる。人口ボーナス終了による「**半永久的に続く高齢化状態と経済停滞**」は嬉しい話ではなく、「不都合な真実」である。これが、本書に第一部を設けた理由である。

株式会社せおん
越　純一郎

第一章　人口動態リスクとチャイナショックの真相

(1)経済成長を決定する要素——技術、資本、労働

アジア諸国は景気後退に見舞われている。景気後退とは、「経済成長の鈍化」である。何らかの理由で、アジアの経済成長が鈍っているのだ。その理由は何か？　まず、それを一般的な経済理論から考えてみたい。

経済成長を決定する三要素

経済成長を決定する要素が何であるかは、はっきりしている。それは次の三つである。[2]

A：　技術　（技術が向上するほど、経済は成長する）
K：　資本　（資本の投入量が多いほど、経済は成長する）
L：　労働　（労働力の投入量が多いほど、経済は成長する）

この三つの要素で経済成長が決まるということ自体はよく知られたことで、初歩的な経済学の一環であり、多くの専門家の共通認識である。以下、この三要素を順次検討する。

技術革新の動向―「中所得国の罠」と、タイラー・コーエン教授の指摘する「大停滞」

技術革新については、「①アジア諸国のような中進国（＝中所得国）が直面する宿命にある『中所得国の罠』」と、「②先進国が直面し、世界経済に影響を及ぼしている『大停滞』（後述のコーエン教授による用語）」の二つを論じる必要がある。

まず、「中所得国の罠」（Middle-Income Trap「中進国の罠」とも。）とは、中進国・中所得国が陥り易い落とし穴ということで、具体的には次のことを言う。

安い労働力などによる輸出競争力が他の途上国の追い上げで低下する一方で、技術水準が先進国と競争できるレベルにないことにより経済成長が鈍化すること

要すれば、「先進国と競争できるだけの技術水準を有する国にならない限り、成長に限界が生じる」ということである。だが、世界を見回すと、中所得国の罠を突破して日米欧と比肩し得るレベルに達したという実例がほとんどないことに気づく。中所得国の罠を突

破することとは、非常に困難なのだ。今後のアジア・ビジネスの企画・構想は、それを前提として行う必要がある。

第二に、序文でも紹介したタイラー・コーエン教授（ジョージメイソン大学）[3]が、著書「大停滞（Great Stagnation）」で述べた「アメリカは容易に収穫できる果実を食べつくしてしまった（＝経済成長を簡単に得られるラッキーな条件が消失した）」という指摘は、アジア経済を見る上でも重要である。同教授の言う「食べ尽くしてしまった」収穫しやすい果実とは、たとえば次のようなものである。[4]

A：優秀なのに教育を受けられなかった子供を実業で活用すると、大活躍してくれて、簡単に大きな成果を実現できる。

B：所有者がいない未開の土地を手に入れれば、簡単に大きな成果を実現できる。

これらを見て、中国社会科学院副院長である蔡昉氏の次の指摘を思い出した方もいるだろう。同氏は、中国の成長率鈍化の要因は次の通りだとしている。[5]

①労働力不足と賃金コスト上昇
②人的資本の質的向上の緩慢化
③資本収益率の低下
④農業部門の労働力の移転速度低下

このうち、①は「中所得国の罠」が中国に生じていることを示している。②は、教育の普及や識字率向上などによって人材の質が向上してきたことが中国の経済成長を支えた一因であったが、そうしたメリットがスローダウンしているとの指摘で、コーエン教授の指摘する前述Aと同種の指摘である。③の意味するところの一つは、「簡単には儲からなくなった」ということで、これもコーエン教授の「簡単に収穫できる果実」がなくなった（少なくなった）という指摘と同種であろう。

また、④は、農村から都市部の人口移動が経済成長を支える労働力供給源であったものの、それがスローダウンして労働力不足となってきたとの指摘である。[6] これは、経済学では「ルイスの転換点（Lewisian Turning Point）」と呼ばれる現象で、中国が「ルイスの転換点を迎えた」との指摘は各所で見られる（たとえば、通商白書2014の117頁）。ルイスの転換点を迎えると労働力が不足して賃金が上昇し、これが「中所得国の罠」をもたらす。

今後、巨大なイノベーションなどの技術革新が生じれば別であるが、そうでない限り再び成長軌道を取り戻すことは難しい。蔡昉氏もそうした見解を示しているが、これらの事情の全ては、中国だけでなくどのアジア諸国でも直面する問題である。

金融政策と資本投入量

次に、資本を見てみよう。日本にもかつては資本不足が経済成長の足かせになっていた時期があった。しかし、今日の状況は根本的に違う。もはやアジアの大半の国も、世界の多くの国も、「資本の投入量を増やしても、高度経済成長が再来するとは言えない状況」にあると言えよう。中国に関しても、アセアン諸国に関しても、「資本投入量を増やして高度成長を取り戻そう」という議論は見られない。

前述の蔡昉氏は、中国経済が失速した主な原因は人口ボーナス終了（後述）で、中国が成長軌道を取り戻すにはイノベーション（技術革新）しかないという趣旨を述べているが、これも逆から見れば「資本投入量を増やしても経済は回復しない」ということである。

人口動態（だけ）で経済動向が決まる。そして、人口動態の予測は容易である。

技術、資本、労働力という三つの要素のうち、技術と資本には期待できないとなると、残る要素は労働力だけである。この場合、経済状況は人口動態だけで決まることになる。現在、全世界の多数の国々がこの状態に立ち至っているが、アジア諸国の大半も同様である。すなわち：

・人口ボーナス（後述）の期間には、高度経済成長が生じやすい。
・しかし、人口ボーナスは必ずいつかは終了し、人口は高齢化する。
・その高齢化状態は元に戻らず、半永久的に継続する（後述）
・ただし、その後も、大きな技術革新があれば、それは経済成長を促す要因になり得る。しかし、そうでない限り経済は停滞する。

つまり、技術革新、技術進歩による経済成長を期待できない場合には、経済状況は労働力の投入量（だけ）で決定されることになる。労働力とは、生産年齢人口（Working-Age Population）と言ってもよい。これを決定するのは人口動態である。このため、「『人口』を見れば世界が読める」[7]ということになる。

実は、人口動態の予測は容易である。人口動態を決定する出生率や死亡率は、短期間に大きく変化しないからである。だから、（内戦などの特殊な要素がなければ）人口動態の予想は容易だ。

様々な報道例等

たとえば、ニューズウィーク誌の2011年8月31日号における特集「先進国になれない中国」は、「中国の急成長はもう限界」とし、「世界第2の経済大国（＝中国）が中進国どまりな理由」は人口ボーナス終了だとしている。[8] 人口ボーナスこそが、最も重要で決定的なファクターなのだという認識に立脚した特集であった。

古来、人は時代を超えて生きることはできないという。経営の神様とされた松下幸之助のような方でも、高度成長期に経営する場合と停滞経済下で経営する場合とでは自ずと違いがあるはずで、不景気であれば簡単には成功できないかもしれない。アジアを見るときにもこの観点は重要である。アジアにおける経営戦略を策定する上で、人口動態の変化とそれによる景気後退（それは後述する通り、半永久的に継続する可能性がある）は決定的なまでに重要である。アジア諸国の人口ボーナス問題の衝撃は、明治維新や太平洋戦争のマグニチュードに匹敵するとイメージすればよいのではないか。以下では、この問題を基礎的な説明を含めて扱う。

（2）人口ボーナスの定義と内容

「人口ボーナス」概念の登場

大泉啓一郎氏[9]は、事情が許せば本書の共同執筆者になって頂きたかった優れた専門家であるが、同氏の「老いてゆくアジア」（中公新書、2007年）によれば、人口ボーナス（Demographic Bonus, Demographic Gifts, Demographic Dividend）という用語が初めて使われたのは、アンドリュー・メイソン教授（ハワイ大学）の"Population and the Asian Economic Miracle"（「人口とアジア経済の奇跡」1997年）という論文で、それは「総人口に占める生産年齢人口の割合」の上昇が「1人当たり国民所得」の上昇をもたらすという、シンプルな事実に着目したものだという。以後、そのことが経験的、統計的に確認され、人口ボーナスという概念が定着していったようである。

筆者の理解するところでは、「アジアの奇跡」が言われ始めた時期に、アセアンの専門家や国連の専門家が「国はどういう人口動態の時に高度成長が生じるのか」を研究し、いろいろな仮説が検証され、結果として、人口ボーナスの時期に高度成長が生じやすいことが定説として確定したようである。

人口ボーナスの定義

総人口の増加率よりも生産年齢人口の増加率が大きいことを「人口ボーナス」という。つまり、人口ボーナス期とは「生産年齢人口の比率が上昇する時期」である。

これが人口ボーナスの定義である。年齢で分ける場合は、所得を生み出す人口を生産年齢人口（working age population）といい、所得を生み出さない人口を従属人口（dependent population）という（従属人口とは年少人口と老齢人口である）。「生産年齢人口の増加」は当該国の国民所得を増加させ、「生産年齢人口比率」の増加（＝従属人口比率の低下）」は「一人当たり国民所得」を増加させる。[10] このため、人口ボーナス期には経済成長が加速され、高度経済成長になりやすい。[11]

人口ボーナスは、出生率の低下で始まる。産児制限や家族計画によって出生率が低下すると、幼児数（つまり従属人口）が減少する一方で、既に生まれている年少人口が生産年齢に達して若い労働力が急増し、経済成長が加速される。これによって「東アジアの奇蹟」[12]が生じ、また、これが終了せんとする現在、アジアは景気後退局面を迎えたのだ。[13]

図表1-1-1

人口ボーナスの到来
↓
高度経済成長
↓
医療水準が向上し、医療を受ける余裕も増す
↓
高齢者が長生きになり、人口が高齢化
↓
高齢化すると元に戻らないので
半永久的に高齢化が続く
↓
半永久的に経済停滞が続く

【人類は、上記の問題に関して、
まだ答えを持っていない】

（筆者作成）

人口ボーナスによる経済成長が少子高齢化をもたらし、それは半永久的に継続する

人口ボーナスで生じる高度成長は、医療水準の向上、年金の充実などをもたらすので、国民が長生きできるようになる。つまり、高齢者の比率は高まる。すると、高度経済成長は終了し、景気後退局面を迎える（日本では、それは1990年代の前半に生じた。）高齢者は子供をもうけないので、少子化にもなる。

そして、重要なのは、いったん高齢化した人口は元には戻らないことである。つまり、高齢化状態は半永久的に継続するのだ。世界のどの国も必ず高齢化し、そうなると、その状態は半永久的に継続するので、経済停滞も

半永久的に継続する（技術革新、技術進歩による経済成長がない限り）。

年配の読者であれば、「英国病」「イギリス病」という言葉を聞いたことがあるだろう。しかし、誰も「英国病が治った」「イギリス病が消えた」とは聞いたことはないはずだ。[15]

人口ボーナスは、どの国においても一度きり

そのため、どの国でも人口ボーナスは一度だけ生じ、終わると二度目はない。高齢化した人口は元に戻らないからである。だから、人口ボーナスは、どの国にとっても一回しかない。したがって、人口ボーナスによる高度成長も、どの国でも一回きりである。

つまり、現在のアジアが直面している景気後退は、一時的なものでも循環的なものでもなく、それは（技術進歩による経済成長の可能性を除けば）半永久的に継続するものである。今後のアジア・ビジネスは、これを前提として構想される必要がある。

若い移民による解決も非現実的で、そうしようとしている国は見られない。ここでは詳説しないが、移民の受け入れに伴う諸問題が仮に無いとしても、移民で人口を若返らせるには、相当な規模の移民が必要であると見られ、それはまったく現実的でない。

図表1-1-2　一人当たりGDPは、人口ボーナス期の終了以後、伸び悩む

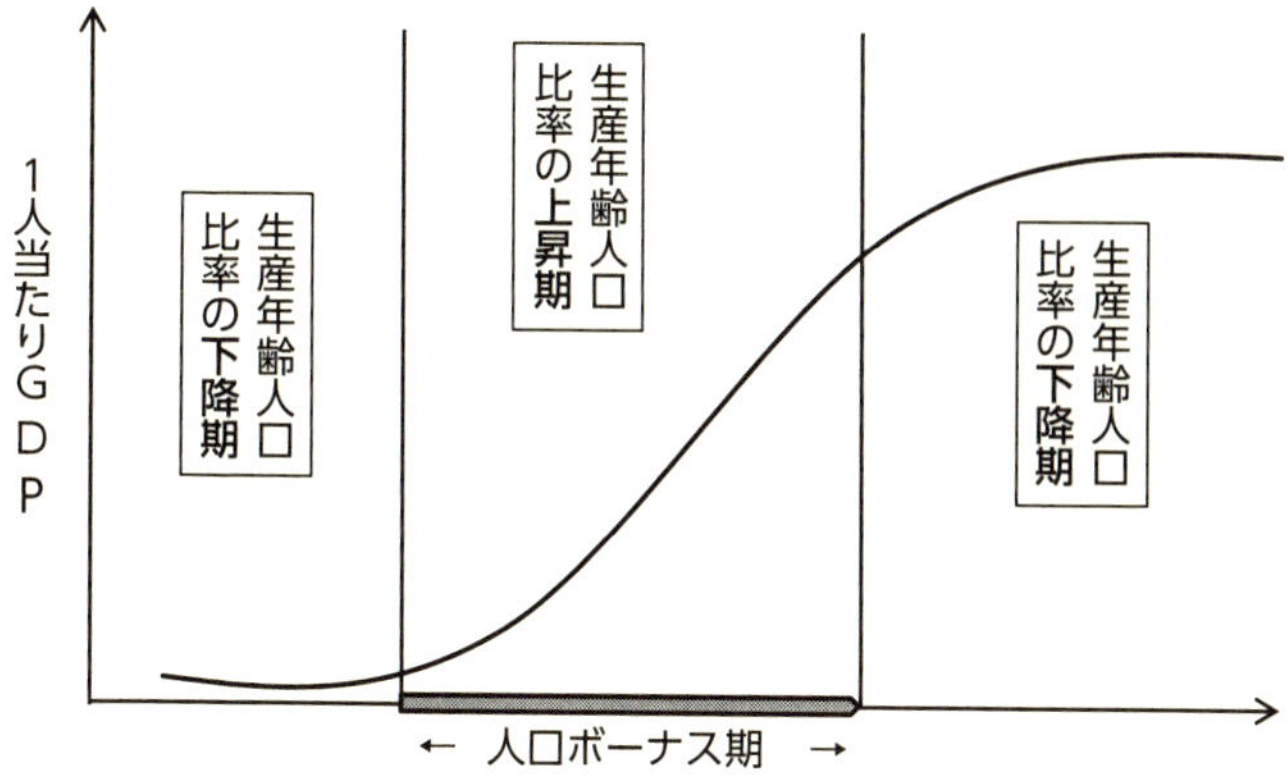

（筆者作成）

人口ボーナス以外による高度経済成長の可能性は？

資本、労働力（人口動態）、技術進歩の三つのうち、資本の追加投入による高度成長の再来は非現実的であり、人口は高齢化するとそれっきりである。したがって、人口ボーナスが終了したあとの時期に高度経済成長の誘因となり得るのは技術進歩、技術革新だけである。

爆発的な技術革新によって高度経済成長が再び日本に生じる理論的な可能性はある。現在、それは想像できないが、アベノミクスの「第三の矢」のような成長戦略は、人口ボーナス終了後には唯一の残された経済成長要因である。

人口ボーナス終了までに到達できるレベルで国の運命が固定される――未富先老状態も固定

人口ボーナスが終了して高度成長が終わると、GDPが増え難くなる。同時に、総人口の増加も鈍る。だから、一人当たりGDPも、それ以後は大きくは増えなくなる。つまり、人口ボーナスが終了する時点までに、どのくらいの豊かさ（1人当たりGDP）に到達できるかによって、その国のその後の豊かさの水準が固定されてしまうのだ（図表1-1-2参照）。

2011年8月31日のニューズウィークが「先進国になれない中国」という特集で述べたのも、この理由によるものであった。（「中国の人口ボーナスは間もなく終了するが、一人当たりGDPは4000ドル台で、国連の言う先進国の目安である12000ドルには、永遠に到達しない」という意味）。

中国に関してよく言われる「未富先老（豊かになる前に老いる）」も、固定化されてしまう。これが人口動態問題の深刻さである。（そのときに唯一残っている希望の要素は技術革新、技術進歩である。）

（3）アジア諸国の人口ボーナス期

人口高齢化問題がアセアンではどうなっているかにつき、前述の大泉啓一郎氏の最近の

図表1-1-3　アジア諸国の人口ボーナスの期間

2010-2015年に、中国など6カ国で人口ボーナス終了。
そして、人口がまだ若い国は少なくなってきた。

	人口ボーナスの期間		1人当りGDP
	始点	終点	2009年（ドル）
日本	1930−35	1990−95	39,727
(NIEs)			
韓国	1965−70	2010−15	17,078
台湾	1960−65	2010−15	16,380
香港	1960−65	2010−15	30,065
シンガポール	1960−65	2010−15	36,537
中国	1965−70	2010−15	3,734
(ASEAN5)			
タイ	1965−70	2010−15	3,946
ベトナム	1970−75	2015−20	1,130
インドネシア	1970−75	2020−25	2,335
マレーシア	1965−70	2030−35	6,812
フィリピン	1960−65	2040−45	1,746
インド	1965−70	2035−40	1,100

（出所）株式会社日本総合研究所調査部　上席主任研究員　大泉啓一郎「中国の人口ボーナスはいつまで続くのか―持続的経済成長の課題―」（日本総研 環太平洋　ビジネス情報 RIM 2011 Vol.11 No.40 1.所収。大泉氏は、UN, World Population Prospects, the 2008 Revision、IMF統計、台湾統計局より作成。）

論考[15]から幾つかご紹介したい。

①アセアンの高齢化のスピードが速い

(ア)アセアンでは出生率の低下と平均寿命の大幅な伸長の結果、人口が加速度的に高齢化する。

(イ)65歳以上人口の比率が7%から14%に達する「倍化年数」は、世界全体では38%、日本では25年であるのに対し、中国では23年、アセアンでは24年。(国連統計)

(ウ)アセアン全体の経済規模(名目GDP)は日本の6割に過ぎないにもかかわらず、65歳人口は既に日本のそれを約13%上回り(2015年)、今後の年間増加率は5%以上となる見込み。まさに、人口爆発ならぬ「高齢者人口の爆発」と言える状況。

②アセアンの高齢化問題は既に現実となっている

(ア)仮に60歳以上を高齢人口とすると、既にアセアンでは5900万人に達しており、これを「誰が養うのか」という問題が既に深刻になっている。

(イ)高齢化への対処は、それに失敗すれば高所得国への移行が困難になるという意味で、「中所得国の罠」の一つと言える。

図表1-1-4　中国経済失速等に関する特集の例（2011年8月～2012年1月）

雑誌名／日付	特集名	中国に関する主なヘッドライン等
ニューズウィーク 2011年8月31日	先進国になれない中国	急成長はもう限界、世界第2の経済大国が中進国どまりな理由
週刊エコノミスト 2011年11月22日	新興国失速	欧州向け輸出鈍化に直面 政策限られ難しい高成長
週刊エコノミスト 2011年12月6日	危うい中国	不動産バブル崩壊、外需失速、 少子高齢化、高度成長に終止符
週刊サピオ 2011年12月7日	欧州危機が誘発する「中国大崩壊」	「倒産→夜逃げラッシュ」「不動産価格の一斉下落」「人身荒廃」
週刊ダイヤモンド 2012年1月21日	あなたは中国経済を信じますか	製造業の崖っぷち、不動産バブル崩壊の瀬戸際、いびつな格差と腐敗

（筆者作成）

(ウ)高齢者対策として必要な財源確保のための増税は、企業の国際競争力強化策と対立したり富裕層の反発を招いたりする懸念がある一方、失敗すれば社会不安も。

③農村部の高齢化問題が厄介

(ア)アセアンでは出生率低下の前に生まれたベビーブーム世代（40～50歳台）が農村に留まり、このまま高齢化していく。

(イ)この世代が都市部で職を得ることは考えにくく、都市化では解決しない。

(ウ)このため、地域間所得格差がさらに拡大する要因となってしまう。

わかっていたはずの「2015年問題」

そもそも人間の予見能力には限界があり、危機が生じたあとで騒ぐことはあっても、事前に予見することは難しい。リーマンショック[16]の1年前、いや半年前にさえ、ほとんど誰も予見・予感していなかった。（しかも自分が予見・予感しなかったことさえ人々は既に忘れている。）日本のバブル崩壊[17]を予見して行動した人がいただろうか。1987年のアメリカのブラック・マンデー[18]も同じである。人間の予見能力の限界に関して、我々は謙虚である必要がある。

アジア各国の人口高齢化とそれによる経済停滞についてはどうであったか。前掲の表によれば、ほぼ同じタイミングで（21015年までに）中国、台湾、韓国、シンガポール、香港、タイの6か国が人口ボーナスを終了することを専門家は指摘していた。また、中国経済の失速についても、表に示したように2011年以降、たくさんの専門誌、一般誌が特集などによって警鐘を鳴らしていた（図表1−1−4）。[19]だが、一般のビジネスマンがそれを予見できていたとは言いがたい。

「次のフロンティア」「最後のフロンティア」が、もはやない

本書執筆段階（2016年初頭）において、まだ人口ボーナス期にある国、つまり人口

図表1-1-5　BRICsと世界の経済見通し（実質GDP成長率、%）

		2014	2015 推定値	2016 見通し	2017 見通し
BRICs	ブラジル	0.1	−3.8	−3.5	0.0
	ロシア	0.6	−3.7	−1.0	1.0
	インド	7.3	7.3	7.5	7.5
	中国*	7.3	6.9	6.3	6.0
ASEAN**		4.6	4.7	4.8	5.1
日本		0.0	0.6	1.0	0.3
アメリカ		1.8	1.9	2.1	2.1
ユーロ圏		0.9	1.5	1.7	1.7

出所：IMF World Economic Outlook Update 2016/1 より筆者作成。

*中国の成長率公表値を疑問視する向きは多く、例えば日本経済研究センターは2015年4–6月の中国の成長率は、公表値より低い5%前後と試算している（2015/9/28）。

**インドネシア、マレーシア、フィリピン、タイ、ベトナム

が若い国は、アジアでは、マレーシア、インドネシア、ベトナム、フィリピン、インドである。ところが、これらの諸国も、人口が若いのに経済状況は芳しくはなく、「二桁成長」にはまったく届かない状態にある（図表1-1-5参照）。その理由には、主として二つある。

①もともと、これらの国々は、それぞれに成長阻害要因を抱えており、人口ボーナス期を迎えた段階でも、そうした成長阻害要因が消えていない。それらには次のものが含まれる。

- 社会的腐敗（賄賂など）
- 反政府勢力

・特殊な社会制度
・制度インフラの未整備
・インフレ圧力

②これらの国々は、既に経済停滞に陥っている国々、特に中国の失速の影響によって、自国経済が足を引っ張られる結果となっている

かつて、「次のフロンティアはBRICs（ブラジル、ロシア、インド、中国）である」とか、あるいは「ネクスト11（イラン、エジプトなど11カ国）である」[20]とか言われたが、もはやその種の論考は見かけなくなった。世界のほとんどの国は老齢化により（技術革新がない限り）経済停滞が続くのである。これに対する有力な反論もないが、対策も見えない。「不都合だが真実」なのである。

アジア諸国の大半では人口ボーナス期を終了し、半永久的に続く可能性の高い経済停滞の時期が既に始まっている。これは、「不都合な真実」には違いない。だが、現実から目をそらすことこそリスクであり、現実を直視することが適切かつ健全な姿勢である。

今後のアジア・ビジネスを構想するにあたっては、これらの図表に示された現実を織り

込んだ戦略の策定が必要である。

1 ジョージ・ソロスは2016年1月のダボス会議で「中国経済のハードランディングは不可避」と発言し、「中国売り」を唱え、人民日報や新華社が反論に躍起となった。
2 従って、GDPをYとすると、Y＝A・f（K,L）という方程式が成立する。これは経済学で生産関数（Production Function）と呼ばれるもので、よく知られているコブ・ダグラス型生産関数は、$Y=A\cdot K^{\alpha}\cdot L^{\beta}$（$\alpha+\beta=1$、$\alpha$＝資本分配率、$\beta$＝労働分配率）と定式化されている。
3 トマ・ピケティ教授に比べると、タイラー・コーエン教授と著書「大停滞」は日本での注目度はさほどでなかったかもしれないが、ニューズウィーク誌その他が高く評価し、「21世紀の最高の経済書」といった評価も受けていた。同書は出版当初の2011年には英文の電子書籍しかなく、邦訳はなかったので、日本では一部の知識層等の話題にとどまっていた。
4 コーエン教授は、これらのほかに経済成長を牽引してきたイノベーションが停滞気味であることを指摘している。
5 たとえば、蔡昉「中国、成長持続へ『二子』解禁」日本経済新聞2016年1月29日「経済教室」、「『豊かになる前に老いた』人口問題の試練　中国人が見た中国経済のいま（1）」（2016/2/18 6:30　日本経済新聞　電子版）。
6 本書執筆中の2016年4月2日の日本経済新聞（夕刊、4版）は、中国の労働者の確保難によってタマネギ製品やニンニク生産量が減少して値上がりしていると報じている。
7 これは、週刊ダイヤモンド2011年12月3日号の特集の題名である。同特集では、世界各国別の人口動態を一覧する資料を使いながら、そのPart1で、「BRICsの成長鈍化」「中国失速　インド台頭」「〝アジアの奇跡〟の終焉」を論じている。
8 ニューズウィーク日本版2011年8月31日号のCover Story「先進国になれない中国」。（http://www.newsweekjapan.jp/magazine/54596.php）
9 日本総合研究所 調査部 上席主任研究員。京都大学博士。専門はアジア経済。
10 1人当たり国民所得は国の豊かさを示す代表的な指標で、これまでそれが12000ドル以上であることが先進国であることの目安であるとされることが多かった。

11　日本の人口ボーナス期は1930年代から1990年代前半の約60年間だったが、前半は戦時中であったため高度成長は生じなかった。このように、戦争・内戦などで人口ボーナス期が無駄に過ぎ去ってしまうことがある。

12　世界銀行著（白鳥正喜監訳）「東アジアの奇跡─経済成長と政府の役割」（EAST ASIA MIRACLE: Economic Growth and Public Policy、東洋経済新報社、1994年）。1965～1990年におけるHPAEs（high-performing Asian economies。日本、香港、韓国、台湾、シンガポール、インドネシア、タイ、マレーシアの8カ国）の公的政策を分析している。

13　もちろん人口動態だけではなく、資本、技術も経済成長には関連している。

14「不老長寿」という単語を用いて別の方法で説明すると、この問題は、高度成長によって「長寿」とはなったものの、「不老」にはなっていないために生じている。もしも、80歳でも出産できるとか、90歳でも誰もが労働できるといったこととなれば、問題は改善・解決されると考えられる。

15　大泉啓一郎「アジアに広がる少子化㊦ ASEAN、農村が高齢化」日本経済新聞2016年2月1日朝刊「経済教室」

16　2008年9月15日に、アメリカの投資銀行であるリーマン・ブラザーズが破綻をしたことが契機となって生じた世界的金融危機（世界同時不況）。リーマン・クライシス（Lehman Crisis）。

17　1987年～1991年頃の（不動産を中心にした）日本の過剰流動性とそれによる経済拡大をバブル（あるいはバブル経済）と呼び、その後の急速な信用収縮、資産価格下落をバブル崩壊という。

18　1987年10月19日に起こった、史上最大規模の世界的株価大暴落。ニューヨーク株式市場の暴落を発端に世界同時株安となった。

19　また、世界の識者たちに大きなインパクトを与えたイアン・ブレマー氏の「自由市場の終焉」（日本経済新聞出版社）によれば、2008年に世銀は「中国が社会の不安定化（暴動等の増加）を回避するには毎年1000～1200万人の雇用創出が必要であり、そのためには年率9・5%以上の経済成長が必要」との推計を公表した。だが、同じ経済成長率で実現できる雇用創出数がしだいに縮小しているため、必要な経済成長率がしだいに高くなっている。だから、ベルトの速さがだんだん速くなっていくルームランナーの上で走り続けなければならないのが中国経済だと述べている。

20　http://www.goldmansachs.com/japan/gsitm/column/emerging/next11/によれば、2005年12月、ゴールドマン・サッ

クス経済調査部は、50年後の世界経済において、ＢＲＩＣｓ各国ほど甚大ではないが、非常に大きな影響力をもたらす潜在性を秘めた国々として、新たに11ヵ国を取り上げ、「ネクスト11（Next11）」と名付けた。これらは、イラン、インドネシア、エジプト、韓国、トルコ、ナイジェリア、バングラデシュ、パキスタン、フィリピン、ベトナム、メキシコの11カ国で、人口ランキングの高さや潜在的な経済規模の大きさという共通点を有する一方、地理的位置、経済や市場の発展水準、世界経済との統合度、人口の絶対水準などの面では、非常に雑多な国々から構成されていることが特徴であるとしている。

第二章

グローバル企業として注目すべき2016年の世界10大リスク要因とアジア地域へのインプリケーション

坂口　恵
ユーラシア・グループ／日本オフィス代表

1968年、米国電子機械工業会（EIA）が、米国向けにカラーテレビを米国向けにダンピング輸出しているとして、日本メーカー11社を財務省に提訴した。これを受けて米国財務省は1971年、「日本製のテレビにはダンピングの疑義あり」との裁断をこれら11社に一括して下した。これに対し、提訴された日本メーカーの1社だったソニーは、盛田昭夫氏（当時副社長）を中心に、「ソニーは米国テレビ市場においては高価格帯市場にフォーカスした戦略をとっており、ソニー製テレビに対する対米ダンピング輸出の疑義は不当である」とし、ソニーをダンピング提訴の対象からはずすように積極的な働きかけを米国政府に対して行った。膨大な資料提出の手間と時間をかけたソニーがダンピングの提訴対象からはずれたのは1975年であった（ソニー社史より）。

ユーラシア・グループの創設者イアン・ブレマー

この当時の盛田氏を初めとするソニー経営陣は、あくまでも米国のプレミアム価格帯のテレビ市場で製品の品質本位でフェアに競争しようとしていたわけである。しかし、このビジネス上の思惑は、日本からの膨大な量のテレビの流入から何とか自国の電子産業を守ろうとする米国政府の政策的判断により、政治的な対応を突きつけられることとなった。

政府とビジネス界は往々にして、それぞれ異なる期待、目標を持って活動している。それぞれの行動には時としてギャップあるいはコンフリクト（対立）が生じる。この日米テレビダンピング問題は、そうした観点におけるクラシックかつわかりやすい事例の一つで、ここにグローバルに展開する企業が念頭に置くべき海外での政治リスクの一つの本質が端的に示されている。そして、この政治リスクを一国単位ではなく、その国を含めた周辺地域情勢の文脈で考える必要がある場合、それは地政学上の（ジオポリティカルな）リスクと呼ばれるものとなる。

国際ビジネスを自社の戦略軸に沿って確実に展開するためには、政府が市場活動を政策的に直接コントロールする可能性の高い国々において、各国政府の政策の背景を理解し、自社ビジネスとコンフリクトの起こるリスクを事前に想定しておくことが不可欠である。以下に詳述するが、こうしたリスクが企業活動にダイレクトの影響を及ぼすリスクは、現在、盛田氏がダンピング問題で闘った当時とは比較するまでもなく、その性格と範囲の両面において、格段に高まっている。

1998年、気鋭の若手政治学者イアン・ブレマーが、世界的な政治リスク分析サービスを企業クライアント向けに提供する、**ユーラシア・グループ**というコンサルティング会社を設立した。米ソ両陣営が対峙した冷戦の終結以降、国際情勢が大きく変化していく中でブレマーは、グローバルにビジネスを展開している企業が、その海外戦略上考慮していくべきリスクの中身は、純粋に経済的な、市場での競争リスクの分析に留まらなくなる、と考えた。

というのも、冷戦後、各国における国家安全保障政策の中心的な課題は軍事力の強化ではなく、経済活動の強化を通じた自国民への幸福の提供に取って代わられたからである。そして、その流れの中で、自国市場の保護・発展を図り、自国と周辺国・同盟国との間に経済圏を確立することは、単に自国産業のために市場を確保するという目的を超えて、多国間の利害の中で自国の経済利益を確保し、ひいては安全を保障するために不可欠なイニシアチブとなった。

最近の国際的な動きを見ても、TPP交渉の成否が世界的に注目され、主要国の元首が、戦略的パートナーシップを組みたいと考える相手国に対して、直接投資の拡大や積極的なインフラ輸出等のトップセールスをかけるのも、すべてこの文脈で理解できる。そして、国家が経済政策の推進を国家政策の中心に据えるようになってくると、企業の側でも必然的に各国政権の政治姿勢、外国からの投資に対する考え方を含む経済政策全般についてのリテラシーを高める必要性が高まる。情報収集のアンテナを高くして、進出しようとする先の政府の政策運営と国際関係が自社ビジネスに果たしてどう影響しうるのか、独自に見識を持たざるを得なくなる。そういう時に、政治リスク、ひいては地域全体の地政学リスクを網羅的に分析する専門的な情報サービスがあれば、グローバル企業のビジネス展望を明るくするのに大いに役立つだろう、とブレマーは考えた。それがユーラシア・グループ設立に当たってのブレマーの見識だった。

冷戦後の世界において新たにリーダーシップを担うことになったG7は、その後、それぞれ自国の抱える諸問題（債務問題、通貨危機等）の解決を優先する必要から、海外の問題解決にコストとリーダーシップを提供する余裕を失い、機能しなくなっていった。この状態をブレマーは、リーダー国家不在の〝**Gゼロの時代**〟と定義（詳しくはブレマー著〝Gゼロ後の世界〟参照）した。このGゼロ世界では、各国がそれぞれ独自に国家戦略を打ち立てていく必要が高まると同時に、民間企業の側で独自の国際情勢インテリジェンス能力を身につける重要性も、ブレマーの予想通り高まっていった。

ブレマーはもともと旧ソ連邦の政治分析を専門としており、**ユーラシア・グループ**も、その名称が示すとおり、当初は旧ソ連邦が周辺諸国あるいは国際関係にもたらす地政学リスクと、そのビジネスへの広範な影響の分析を専門として、スタートした。その後、いわゆる新興諸国が市場として台頭し、ビジネスの主戦場はグローバルな広がりを見せていく。この新たなグローバル市場においては、Gゼロという新たな国際社会のフレームワークのもと、こうした新興諸国では、各国の市場の安定性と開放度が、当該国の政権の安定性や周辺国情勢と直結し、地政学事情にダイナミックに影響されるようになっていった。企業の投資や市場活動が政治リスク要因によって大きく揺さぶられる状況が世界的に拡大するにおよび、ユーラシア・グループの分析対象国も大きく拡大していった。

現在、ユーラシア・グループが恒常的に分析対象とする国は90カ国を超え、60人以上の専門アナリストがニューヨーク、ワシントン、ロンドンに別れて活動している。また、ユーラシア・グループの提供する政治リスク・地政学リスク分析サービスは、こうしたリスクがもっとも先鋭化している中東の産油国や資源国、新興市場の真只中で大規模投資をして操業している資源・エネルギー企業、商社、さらには、こうした市場のアセットに投資をしている金融サービス企業を中心に、多くのグローバル企業に活用されるようになった。そしてその後、ユーラシア・グループのクライアント企業は多様な産業分野のメーカーにも広がりを見せ、現在、全世界で300社、日本でも40社あまりに活用されている。

読者諸氏のご記憶にも新しいと思われるが、2015年はフランスの出版社シャルリー・エブドへのテロ攻撃で幕を開け、夏にかけてはギリシャの経済危機が同国のユーロ圏離脱、ひいてはユーロゾーンそのものの危機につながる恐れが取りざたされた。さらには中国経済の減速が鮮明化し、その減速の影響の世界経済全体への拡散や中国のハードランディングの可能性に対する危惧が高まった。夏以降も、米中首脳会談の実施、欧米各国による対イラン核合意の成立と制裁解除への動き、パリでの新たなイスラムテロの勃発等々、史上稀に見るレベルで、マグニチュードの大きな国際情勢の揺れがビジネス界を襲った。2015年は、地政学リスクが、まさに国際情勢リスクの中核をなし、グローバル企業のビジネスにとってのインパクトの大きさを、改めて印象付けた年と言ってもよいであろう。

国境を超えて縦横に事業を展開し、世界の市場活動に多大な影響力を持つグローバル企業では通常、経営戦略を補佐する目的で、市場情報収集・分析のスタッフ部門を擁している。そうした部門の優秀なスタッフが市場競争に直結する情報（市場の成長率の中長期展望、現地消費者の可処分所得のトレンド、消費者の嗜好の変化、競合他社の市場活動状況、投資・税制関連規制等）を様々なソースから収集し、分析して、短期・中期の市場開発戦略につなげている。

こうした競争リスクにフォーカスした戦略作りは、政権と地域政情の安定した市場では、極めて有効に機能するが、主要企業のグローバル成長戦略の軸足がアジアを中心とした新興市場に移るにおよび、従来型の競争リスク分析でカバーできない政治リスク、地政学リスク（進出先国の政権の安定性、外資・外国企業に対してオープンな経済ポリシーの持続性、周辺諸国との関係の安定度等）への備えができるかどうかが、これまでにないレベルと深さで問われるようになっている。また、そうした情報をできるだけタイムリーかつ正確につかむための信頼できる情報ソースを確保することも、グローバル企業にとっての喫緊の課題となってきた。明確なリーダー国家不在のGゼロ時代に益々複雑化し、不確実性を高める地政学情勢を踏まえれば、企業としても新興市場を確実なビジネス上のオポチュニティーとして見ると同時に、従来の想定をはるかに超えた地政学リスクを孕む地域として、コンティンジェンシープランニング（有事対策）の必要性は待ったなしの状況にある。市場競争の前提となる一国の政権や社会の安定性に関わるリスクを、独自の情報ソースと手法で分析するユーラシア・グループのような専門家集団の存在意義は、まさにここにある。そしてそれは、競争リスク分析に長けたビジネスコンサルティング企業とは異なる視点を提供するものである。

相互依存と複雑性・不確実性をますます高める国際情勢がビジネスに与えるリスクを、グローバル企業のマネジメントが俯瞰して大掴みし、自社の国際戦略作りに役立てていただくことを目的に、ユーラシア・グループではここ10年来、年初にその年の世界情勢における10大リスクを独自の視点に基づいて発表している。２０１５年に提示した10大リスクと、今年２０１６年に提示した10大リスクは、それぞれ別表に掲げたとおりである。本書

図表1-2-1　ユーラシア・グループ予測：2015年の世界10大リスク

1. THE POLITICS OF EUROPE（欧州の政情）
2. RUSSIA（ロシア）
3. THE EFFECTS OF CHINA SLOWDOWN（中国経済減速の影響）
4. WEAPONIZATION OF FINANCE（金融の兵器化）
5. ISIS, BEYOND IRAQ AND SYRIA（「イスラム国」のイラク及びシリア外への広がり）
6. WEAK INCUMBENTS（もろい現職）
7. THE RISE OF STRATEGIC SECTORS（戦略部門の台頭）
8. SAUDI ARABIA VS IRAN（サウジアラビア対イラン）
9. TAIWAN/CHINA（台湾・中国）
10. TURKEY（トルコ）

のテーマとなっているアジアに関しては、この両年とも、国家資本主義の中国がこの地域のビジネスリスクの大きな要因を構成するとして、リスト入りしている。しかし、実はアジアは〝地政学的なホットスポット（御立尚資、イアン・ブレマー共著〝ジオエコノミクスの世紀〟より）とも言える。アジアのリスクをどう考えるべきかについては、後程、まとめとして触れてさせて頂きたい。

まず、２０１５年のリストを見て頂いた感想はいかがであろうか。２０１５年の世界の政治・経済の重大論点となった動きが、かなり的確に網羅されたリストと言えるのではないだろうか。**ヨーロッパの政治的な混乱**は、現実問題として昨年、いろいろな形で先鋭化した。ギリシャ経済危機はもちろんのこと、ヨーロッパ各国で既存の政党・政策に失望した中間層がＥＵ統合の正当性そのものに疑問を投げかけ、ポピュリズムが台頭している。

英国でのEU離脱への支持の高まり、難民問題の拡大に伴うドイツの孤立、パリのテロ事件を契機とした対ISISとの闘いにおいて、EUがロシアとの関係修復に動かざるを得ない等複雑な状況をもたらしている。結果として、プーチンという独裁的リーダー率いる**ロシア**が、いろいろな形で統合欧州の問題解決にカギを握るという情勢がもたらされている。

習近平の中央集権体制は強固なものになり、腐敗・汚職の摘発強化や国有企業改革を進めながら、AIIBの設立や積極的な海外へのインフラ輸出、国内のハイテク産業育成等、包括的な経済政策を中央主導で戦略的に進めている。しかし、昨年来の**中国経済の減速**により、中国依存度の大きな諸国の経済が大きくヒットされる状況が現出し、また中国減速により、資源国の苦境もさらに深まった。その他、国・地域で見た場合にイランとサウジのライバル関係は昨年のイランと主要国との核合意でさらに緊張を高めた。選挙で辛くもマジョリティーを確保した**脆い現職政権**が経済運営の混乱に拍車をかける状況はブラジル、南ア等、かつてBRICSとして脚光を浴びた新興国で明らかだった。また、歴史的な中台首脳会談が行われたものの、今年1月に中国と距離を置く蔡氏が次期総統に選ばれ（就任は2016年5月）、対中関係は予断を許さない。またトルコも、非常に独裁色の強いエルドワン大統領がさらに権力集中に走ろうとすることで、投資先としてのトルコに海外からは疑問の目が向けられることにもなっている。

また、こうした国や地域とは別のアングルから、**金融の兵器化と戦略部門の台頭**という、注視すべき新たな二つの世界的なトレンドが生まれている。金融の兵器化という流れのひとつの好例は、ロシアやイランに対して米国が行っている金融制裁に見て取れる。かつての中東派兵のような形での積極的・直接的軍事介入に代わる、新たな国際的影響力行使の手段として、米国はＩＴを駆使してこうした諸国のカネの流れを捕捉し、金融をまさに兵器として活用している。この新たな兵器は、欧州等の同盟国との調整なしに、米国が一方的に行使する新たな戦略的手段となっている。一方、新興諸国では、国家が民間部門以上に経済促進のために大きな役割を果たしている。トルコで政府批判を強めるメディア企業に政府が統制を加えたり、ロシアでマクドナルドのような米国ブランドが圧力を受けたりという状況がある。国家資本主義の中国では、国営企業が中国の産業政策推進の先兵として活用されている。また、いわゆる〝ならず者国家（Rogue Nations）〟と呼ばれる諸国が敵対国の企業を標的に、戦略的にサイバー攻撃を仕掛けたり、米国政府が自国ハイテク企業の能力を戦略的な国際情報収集で活用する度合いを強めたりしている。同時に、

図表1-2-2　ユーラシア・グループ予測：2016年の世界情勢10大リスク

1. The hollow alliance（同盟の空洞化）
2. Closed Europe（閉ざされた欧州）
3. The China footprint（中国の足跡・存在感）
4. ISIS and “friends”（ISISとその“支援者たち”）
5. Saudi Arabia（サウジアラビア）
6. The rise of technologists（テクノロジストの台頭）
7. Unpredictable leaders（予測不能な指導者たち）
8. Brazil（ブラジル）
9. Not enough elections（国際的に見た選挙の少なさ）
10. Turkey（トルコ）

政府およびその一部エリート集団が、国際的な経済活動を戦略的にコントロールする傾向を強める状況が各国で見られる。ユーラシア・グループでは、こうした動きを**戦略部門の台頭**と表現し、自由市場経済に基づくシステムとは違う新たな流れとして注視すべきである、と指摘している。

さて、翻って2016年である。2015年にリスクとして挙げられた項目の多くは引き続き2016年にも潜在リスクとして底流を構成しつつ、2016年の世界はさらに新たな一連のリスクを提示している。特に、トップ5に掲げたリスクが現実のものとなったときのインパクトは甚大である。

まず、NATO、ブレトンウッズ体制、国連、IMF、世銀等に代表される、第二次世界大戦後の世界の安定の礎となってきた米欧の、**大西洋をまたいだパートナーシップの空洞化**が、未曾有のレベルで進んでいる。

この同盟の弱体化を促した要因は、冷戦終了後に中国その他の新興国が経済分野での新たなプレーヤーとなることで、それまでの東西対立の枠組みを超えた複雑な国家間の利害関係を生んだことが一つ。そしてさらには米国が、国益の追求に当たっては西欧同盟国との調整を要することなく単独で行使できる手段（金融の兵器化や技術の活用）を持ったことが二つ目の要因である。そして三つ目の要因として、欧州各国がそれぞれ自国内の問題に加えて、欧州の統合の枠組みそのものを揺るがす大きな問題（難民問題、テロとの闘い、英国のEU離脱の可能性等）に同時に取り組まざるを得ない状況が挙げられる。また、西欧のリーダーシップの中核である英独仏の利害は錯綜している。財政逼迫の英国は中国に接近し、IS／テロとの闘いにコミットするフランスはロシアとの接近をはかっている。一方、難民問題で苦境に立つメルケル政権（ドイツ）はトルコに救いの目を向ける状況である。

第二のリスクとして注目すべきは、シェンゲン協定をベースとした「開かれた欧州」を否定する動きである。戦後欧州はこれまでもその内部で、冷戦下の東西対立、先進諸国と中進・後進諸国との対立等の形で対立を続けてきたわけであるが、ここにきて、欧州内部では統合欧州を支持する国々と、それに疑問を抱く諸国との対立、すなわち、シェンゲン協定をベースとした「開かれた欧州」を引き続き希求する諸国と、ボーダーコントロールの強化による「閉ざされた欧州」を求める諸国との対立である。

この危機は、欧州の実質的リーダーであるメルケル首相がその政治的求心力を失うことにより現実的なものとなる可能性がある。また可能性は3分の1くらいと見てはいるが、英国のEU離脱が国民投票（早ければ2016年夏）で決定される可能性もないとは言えない。もしそうなれば、ファイナンシャルセンターとしてのシティーの存在意義の低下等、英国経済にとって様々な打撃が予想される。

第三のリスクとして、世界第2位の経済大国である**中国が国際経済分野で占めるインパクト**がもたらす影響を挙げたい。中国は共産党の一党独裁体制を維持しながら市場経済メカニズムを取り入れ、ここまでの経済大国に成長を遂げた。政治的にも経済的にも、発展途上にありながら世界的な影響力をここまで高めた、歴史上類例のない国家である。そして、政府が国家戦略実現の上で経済政策を世界でもっとも効果的に運用している国家であるとも言える。一帯一路戦略をベースとして、インフラ輸出を積極的に行い、ＡＩＩＢは、その流れを加速する中国主導の初の国際金融機関として、今年始動した。一方、中国経済の減速は、**図表1-2-3**にもあるように多くの新興諸国の経済を揺さぶっている。

また、中国はその経済的影響力をベースに各国との関係において様々な政治的カードを

図表1-2-3　主要新興国の対中国依存度と中国の減速に対する耐性

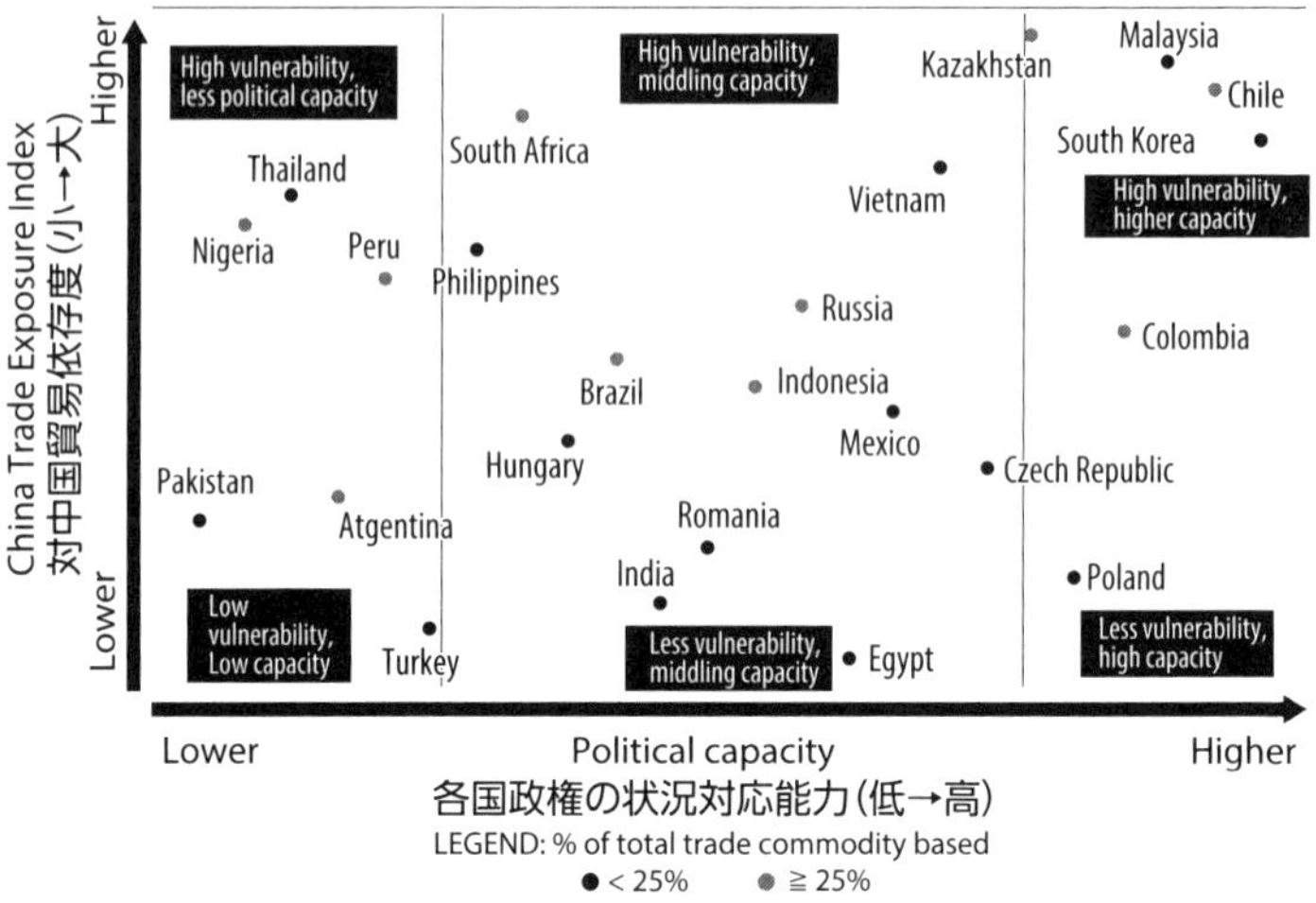

Source: International Trade Centre, Eurasia Group

切ってくる（ロシア、英国、アジア諸国との接近、南シナ海での示威行動等）し、また国策としてのＩＴ、ハイテク産業育成に向け、サイバー・エスピオナージ（サイバー的手段によるスパイ工作）を積極的に使ってくる。また、汚職の摘発や国営企業改革への積極的取り組みが中国経済にもたらす影響が世界各国に波及する影響度にも、はかりしれないものがある。

第四には、ISISの影響力の拡散のリスクである。各国の軍事介入によって空爆、特殊部隊投入、反対勢力への武器供給といった軍事的解決策の模索が続くなか、シリアやイラクでのＩＳの支配地域は物理的に狭まるかもしれないが、テロリスト組織としてのＩＳＩＳの影響力はそれで弱まるどころか、むしろ国際的に拡散する可能性があるところに、この問題の難しさがある。ＩＳＩＳの主張に賛同する世界のテロリスト組織からの支援は増加の傾向にある。ＳＮＳを通じて常にテロリストを積極的にリクルートしているともいわれる。いまやＩＳＩＳの影響力はイラク、シリアの国境を越えリビア、アフガニスタン、イエメンはもとより、中東全体、さらにはロシア、ヨーロッパのスンニー派人口にまで広がりを見せている。

また、一番大きな問題は、ＩＳＩＳの掲げる主張（カリフ制に基づく正統イスラム国家樹立）が権力中枢からの疎外感を抱いている多くのスンニー派の若者たちを糾合している点である。したがって、ＩＳＩＳを単に過激なテロ集団として軍事的に排除しようとするだけでは、ＩＳＩＳの同志の団結を崩すことはできない。ＩＳＩＳの主張に代わるより魅力的な状況（たとえば、ＩＳＩＳに賛同する若者たちの経済的、社会的、文化的な向上を約束するような施策）が関係各国政府から提示されない限りＩＳＩＳの脅威を取り除くことはできない。

少なくとも２０１６年というレンジでみれば、シリア、イラクはもとより、スンニー派諸国政府は治安維持に忙殺されて、また原油価格低迷にも影響を受けて、国内の自由化や経済改革は後回しにされ、また難民に門戸を閉ざそうとする欧州の動きもあいまって、事態は悪化すると見ざるを得ないだろう。特に、ＩＳＩＳと軍事的対立のあるフランス、ロシア、トルコ、米国、政治的・社会的に阻害されたスンニー派イスラム教徒を多く抱えるイラク、レバノン、ヨルダン、エジプト等がターゲットとして明確に狙われる危険をはらんでいる。

第五に注目すべきは、**サウジアラビア**情勢である。年初に既にサウジはイランとの断交を決定しているが、サウジアラビアの王室内部の対立が悪化して不安定化し、国際的な孤立を深めるとみている。２０１５年1月に王位に就いたサルマン国王による息子の権限拡大の動きに対する他の王族からの反発が、原油価格の低迷（２０１６年1月末時点で1バレル33～34ドル。一方でサウジの国家予算均衡の前提は1バレル90ドル辺りに置かれているのではないか、との推測もある）、多角化が進まない経済（国家の収入の9割が原油）、増大する若年失業者、スンニー派盟主国としての周辺諸国に対する政治的リーダーシップの欠如等と併せて、世界の原油生産の10％超を占めるサウジの政治的不安を増大させるとすれば、これは市場関係者のみならず、世界のビジネス全体への一大リスク増大要因となる。

紙幅の関係から、リスクのトップ10全てを詳細にカバーすることはできないので、これらトップ5のリスク以外は簡単にレビューしておきたい。

テクノロジーの進展はビジネスを劇的に革新し、政治に影響を与え、国家間の関係も大きく変えている。ジオポリティクスの観点からは、テクノロジーを自在に活用する能力を持ったテクノロジストの台頭が、今後、非国家型のアクターとして、国際政治のうえで大きな影響力を持っていくことになると見ている。その傾向は既に現実のものとなっている。

たとえば、テロとの闘いという面では、昨年、国際的ハッカー集団のアノニマスはパリでのテロ事件後、ＩＳに対する宣戦布告を行った。また、米国政府が中国によるサイバー攻撃に対決姿勢を鮮明にしている足元では、米国のＩＴ企業は中国のリーダーとの直接的な関係強化に積極的になっている。膨大な力を蓄えたＩＴセクターが国家とは違う軸で世界を見ている顕著な例だ。また、国家の手に余るグローバルな課題（たとえば気候変動）の解決に向けても、先のＣＯＰ21でビル・ゲイツ、マーク・ザッカーバーグ、ジェフ・ベゾスといったＩＴ分野の巨人たちが、クリーンエネルギー開発に向けた日米仏等20カ国の官民共同プロジェクトへの積極的な投資協力を、約束している。

対ＩＳＩＳとの闘い、シリア問題、難民問題の解決において西欧諸国にとり大きな鍵を握るロシア、トルコの両国はプーチン、エルドワンという、非常に独裁的かつ、国益より自らに対する世界の注目を集めることを優先しがちな予測不能なリーダーに率いられている。よって、彼らの思惑次第で、これらの重要な地政学イシューの先行きが、一挙に不透明感を深める危険が、引き続き高い状態で継続すると言わざるを得ない。サウジのサルマン国王やウクライナのポロシェンコ大統領にも、程度の差こそあれ、似たような傾向が看てとれ、彼らの政治的決断がそれぞれの地域情勢にネガティブなインパクトをもたらす可能性からも目が離せない。

新興国に目を転じると、2014年から2015年にかけて多くの国々で国政選挙が行われ、有権者、特に拡大したミドルクラスが国内改革の推進と生活水準の更なる向上に向けて意見表明する機会を与えられた。しかし、今年は、新興国での国政選挙の少なさが問題となる可能性がある。主要新興国で元首交代につながる国政選挙が行われるのはフィリピンとペルーのみである。歴史的にはこれまで、国政選挙のない年の新興市場はそれほど不安定化しなかったが、ミドルクラスが大きく拡大し、また資源価格の低迷と中国の減速で経済が停滞、公共サービスやインフラ改革の遅れ等にこれまでにないレベルで各国における不満が高まっている現状では、選挙による意見表明のはけ口のない新興諸国、特に、ブラジル、南アフリカ等での抗議デモの高まり、政情不安の加速の可能性が懸念される。また、多くのインフラ改革の公約を掲げながら成果につながっていないインドネシアの状況も懸念される。

図表1-2-4　減速経済下でもアジアの成長力は引き続き相対的に高い
Real GDP Growth (Year-over-year percent change)

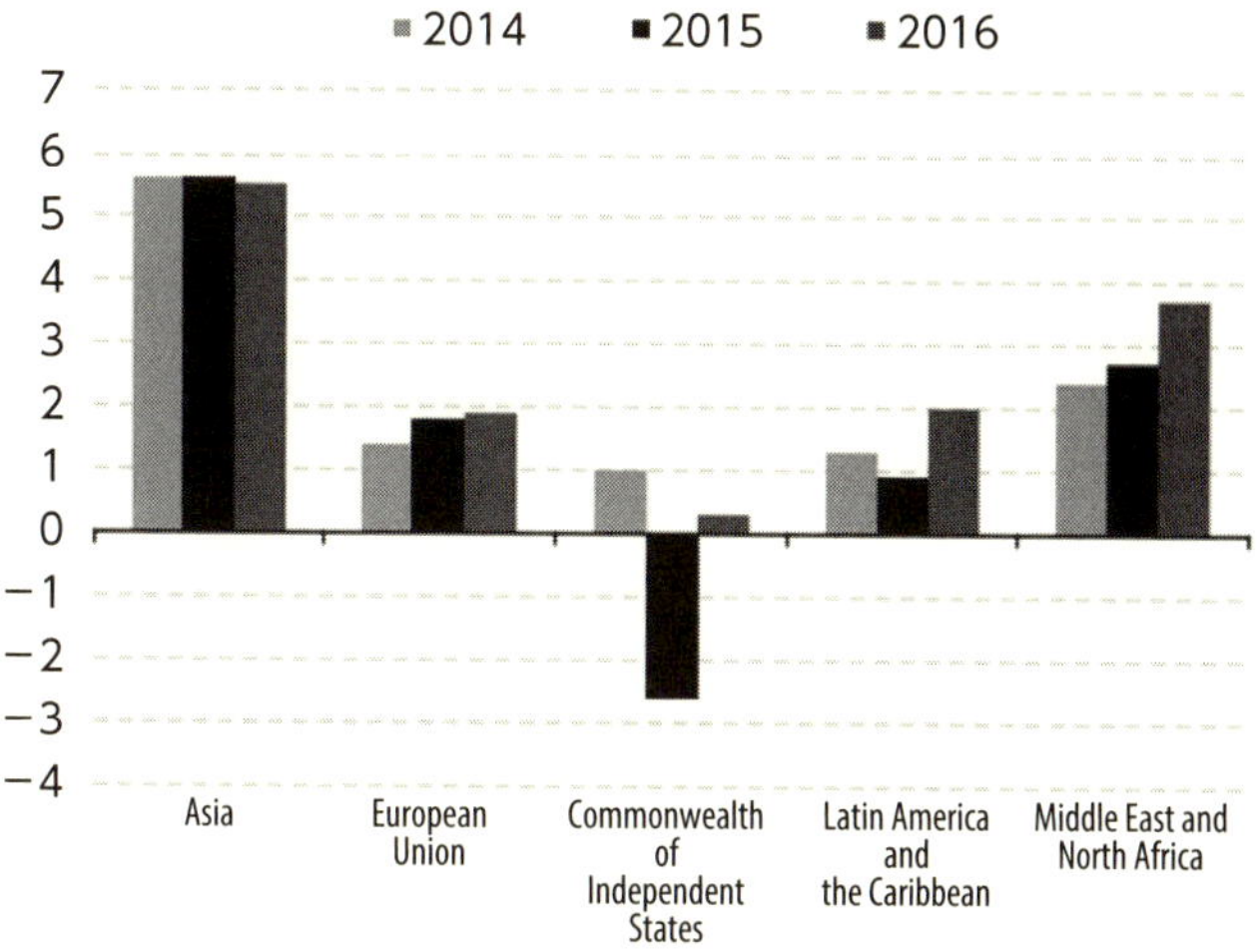

Source: IMF, World Economic Outlook database.

さて、２０１５年から２０１６年にかけての世界情勢の大きなうねりと、それらが一国の市場あるいは周辺著国も含めた地域の政情不安につながり、それら地域でのビジネス推進上のリスクにつながるリスクを大きく見てきたが、結びとして、**アジアにおける政治リスク情勢に触れて**おきたい。

かつてのG７は国際的なリーダーシップを低下させた一方で、中国やインド、ブラジルのような新興諸国がそれを補完できる状況にもない。この国際的リーダーシップ不在の状況は、アジアには極めて大きな影響がある。中国減速の影響で２０１６

図表1-2-5　アジア経済全体は引き続き世界経済の牽引を継続
Asia: Contribution to World Real GDP Growth
(Purchasing power parity based; percent)

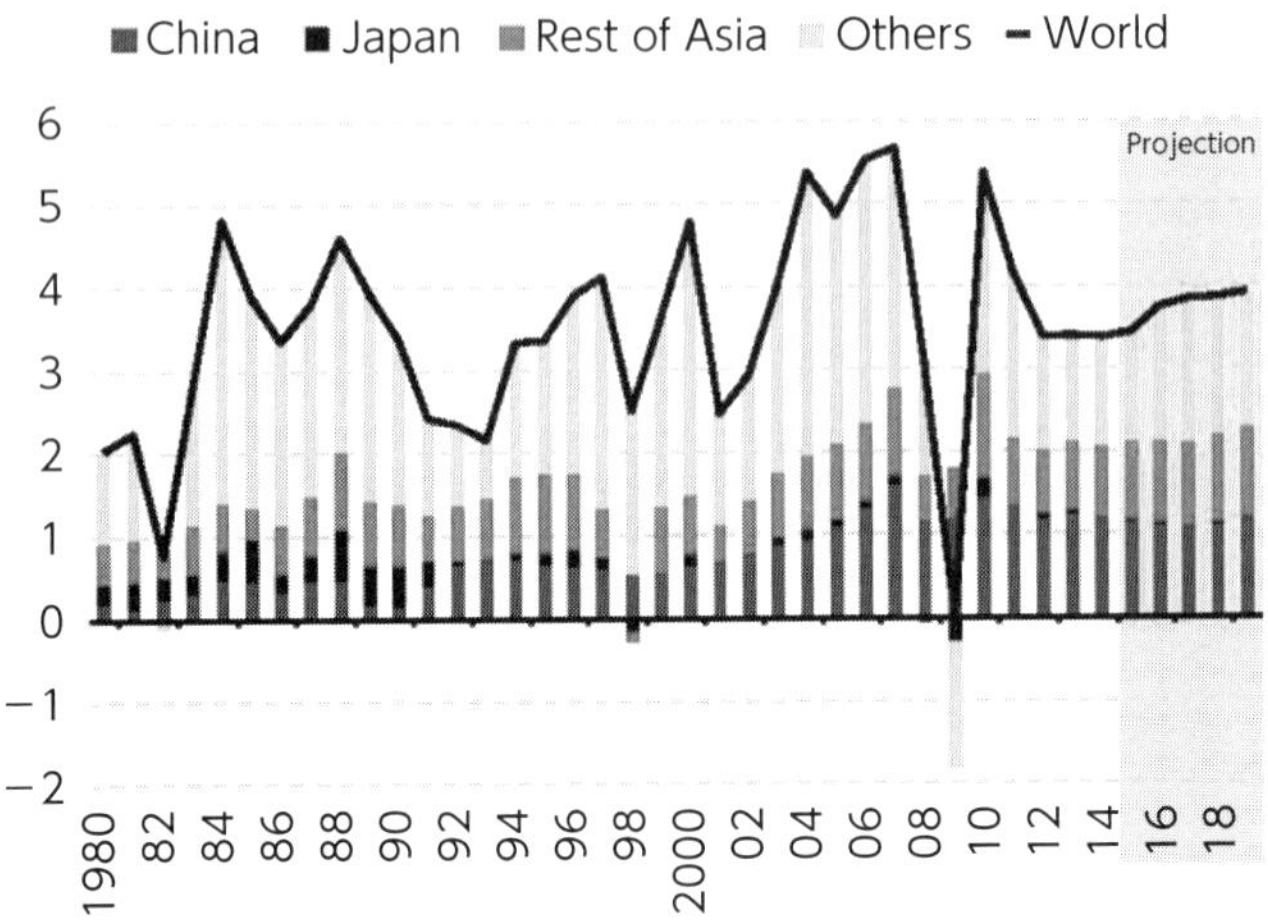

Sources: IMF, World Economic Outlook database; and IMF staff calculations.

年の経済予測が下方修正されたとはいえ、アジアは引き続き世界経済の重要な成長エンジンであると同時に、アジアには地政学上のホットスポットが複数存在する（イアン・ブレマー、御立尚資共著〝ジオエコノミクスの世紀〟参照）からである。

まず、ここ2年にわたって、ユーラシア・グループとしてアジアのリスクは中国ファクターで代表させてきた。ここまで経済大国化した中国のフットプリントの大きさを考えれば当然と言える。中国が台頭し、経済的な影響力を高める中で、アジアの地政学的リスクが相対的に高まるのは避けられないが、今年、そのリスクが危険な高まりを見せることは、ないだろうと見ている。

習政権が強固な政治基盤を確保しているとはいえ、汚職撲滅に向けた闘いや国営企業改革の舵取りの行方や、マクロ経済上様々な調整（人民元の下落、資本市場の開放等）における手綱さばき次第では、中国リスクがさらに拡大し、ハードランディングを危惧する声が上がるのは当然だと思われる。しかし、ユーラシア・グループとしては中国のハードランディングはないと見ている。中国経済は、その抜本改革に向けての調整段階で、国際社会での信頼と国際経済への真の影響力を確立する上で、現在の中国社会の不安定さを野放しにするリスクを熟知しているのが習近平であり、その習氏には改革を断行できるだけのリーダーシップがある、という認識をベースとした読みである。２００８年のリーマンショック後の世界の景気回復のエンジンは中国だった。マクロ経済の専門家は、戦後の世界の景気後退のサイクルは7～8年で訪れるとしている。２００８年から数えるとそろそろ景気後退のサイクルが訪れる可能性があるが、習政権の統治能力は、この景気後退サイクルの訪れを遅らせる可能性が高い、と見る。

次に、中国経済以外でも、中国の南シナ海での示威行動という状況がある。また、２０１６年が明けて早々、３年の沈黙を破って水爆実験、大陸間弾道ミサイルの発射に踏み切った北朝鮮の存在もある。さらに、台湾では、この5月に蔡英文氏が新総統に就任することで、中国との関係で緊張が高まる可能性がある。

このように、中長期的に見たときのアジアは、中国という国家主本主義国家が成長を続けていく中で地政学リスクが高まる方向に動いていくトレンドは避けられないが、2016年に、アジアの地政学リスクが憂慮すべきレベルにまで高まるとは考えにくい。

アジアは地政学のホットスポットではあるが、複数の大国があり、それら大国には強いリーダーシップがある。アジアの主要な指導者である日本の安倍晋三首相（今年の主要国7カ国首脳会議＝G7サミットを主催）、インドのナレンドラ・モディ首相、そして特に中国の習近平国家主席（20カ国・地域＝G20首脳会議を主催）は、緊張を煽るのではなく、アジアの大国間関係の安定化にいまは焦点を合わせている。地域全体の経済が減速していることから、さらなる景気刺激策の実施等と通じて内政問題によりプライオリティーが置かれるはずだ。

このため、北朝鮮の示威行動や中国の南シナ海での行動等の緊張があるにもかかわらず、2016年の地域での不穏は対立の深まりは限定的とみられる。日中、日韓という二国間関係を見ても、貿易・経済関係に悪影響を及ぼしかねない政治、外交、経済紛争をエスカレートさせない方向で各国のリーダーが行動することが予想される。政治的な資本が蝕まれ、不安定さが生まれている欧州、さらにはISISの存在、サウジアラビアとイランの対立の激化などの不安要因を抱える中東とは対照的に、アジアでは、国としての優先課題に焦点を合わせることができる指導者によって、最も危険な地域紛争は回避されていくと考える。

また、2016年のアジア情勢にとっては、残り任期一年を切ったオバマ大統領がTPPの成果を確実なものとするためにも、アジアの同盟国との関係を再確認するため努力すると考えられる。これはアジア地域情勢の安定化に資する動きとして期待できる。オバマ大統領は2月15、16日とカリフォルニア州のサニーランズにASEANの10各国首脳を招き、TPPのASEAN諸国への拡大を後押しする姿勢を明確にするなど、中国の積極的な経済進出の目立つASEAN圏に対して、米国も積極的にエンゲージしていく姿勢を示した。

Gゼロ世界にあっても経済・軍事・ソフトパワーを加えた総合力で米国を凌ぐ国は依然としてなく、米国は引き続き「世界で唯一のスーパーパワー」（イアン・ブレマー）である。ここに来て、米中は、両国の緊密かつ安定した関係を築くことが両国の戦略アジェンダの上で重要であることを改めて認識し始めている。オバマ政権が２０１５年７月に米中首脳会談を実施し、サイバー合意が取り結ばれたのは最近の一例である。今後、両国間での投資協定（ＢＩＴ）締結に向けた動きや、ＴＰＰへの中国の何らかの形での参画を促すような動きに進展があれば、両国関係は戦略的にさらに前進することが期待できる。米国のリーダーシップがアジアの同盟国に対する関心を今一度高め、中国との対立をあおるのではなく、戦略的にエンゲージする方向で動くことができれば、それはアジアの地政学リスク低下に向けた力強い動きとなることは間違いない。今年は米国大統領選挙の年である。本書は民主・共和両党の党大会に近いタイミングで出版される予定であるが、両党の候補者はこの原稿の時点（２０１６年４月末）の時点で既に展望がかなり明らかになっている。民主党側は、バーニー・サンダース上院議員の健闘に予想外に苦戦したとはいえ、ヒラリー・クリントン前国務長官でほぼ固まった（まだメール疑惑の問題は払拭されていないが）。一方、共和党サイドの候補者レースでは、ドナルド・トランプという予想外のカードが、プロ政治家に強い不信感を持ち、また経済のグローバル化の恩恵を享受できていない有権者層に絶妙にアピールし、大方の政治ウォッチャーの想定を大きく超えるレベルの支持を集めて、過半数の代議員獲得の流れを確実にしている。

仮に来年、ヒラリー・クリントン女史が米国初の女性大統領に就任ということになった場合、日本を含むアジアの同盟国へのスタンスはどうなるか。彼女は国務長官時代にアジアに軸足を置くピボット政策推進の立役者であった。オバマ政権2期目の外交政策チームにはアジア政策エキスパートがおらず、アジアのパートナー各国と戦略ダイアローグが十分深められたとは言いがたいが、ヒラリー大統領誕生により、また手堅いアジアチームが政権内に再構築され、改めてアジアへのピボットが起こることが期待される。反面、トランプ大統領誕生というような動きになれば、アジアの同盟国に対する米国の政策スタンスは、安全保障・貿易関係両面でハードライナーの姿勢を強めることが想定され、日米同盟にとっても大きなリスク含みの動きになると想定される。いずれにしても、日本の政府・民間を含めて、超大国アメリカの次期リーダーの対中戦略、対アジア同盟国との関係のハンドリングが極めて大きな注目点となることは間違いない。

補論 経済圏の人口年齢構成と経済成長の関連性

三井不動産投資顧問株式会社
飯島　中夫

図表1－3－1は、世界の四大経済圏である米国、欧州連合、中国、日本、ならびに世界全体の就労年齢人口比率（15歳以上65歳未満人口の総人口に対する比率）の実績と予測の推移を示しており、図中の●は各経済圏の就労年齢人口比率がピークに達した年とその年の就労年齢人口比率を示している。

このグラフから、日本のバブル崩壊（１９９０年）、米国の金融危機（２００８年）、欧州のユーロ危機（２０１０年）など、世界の主要な経済圏において就労年齢人口比率のピークの前後で大規模な経済変動が発生していることがおわかり頂けるだろう。現在までのところ、中国に関しては他の経済圏のように明確な大規模経済変動の時期は特定できないが、ＩＭＦのWorld Economic Outlook（ＷＥＯ）の経済成長率の予測値の推移と実績値を比較すると、２０１２年以降中国の実績値が予測値を下回り始め、このところ見直しの度に予測値が下方修正され、実績値は予測値より更に下方に落着する状況が続いてい

図表1-3-1　主要経済圏就労年齢（15～64）人口比率

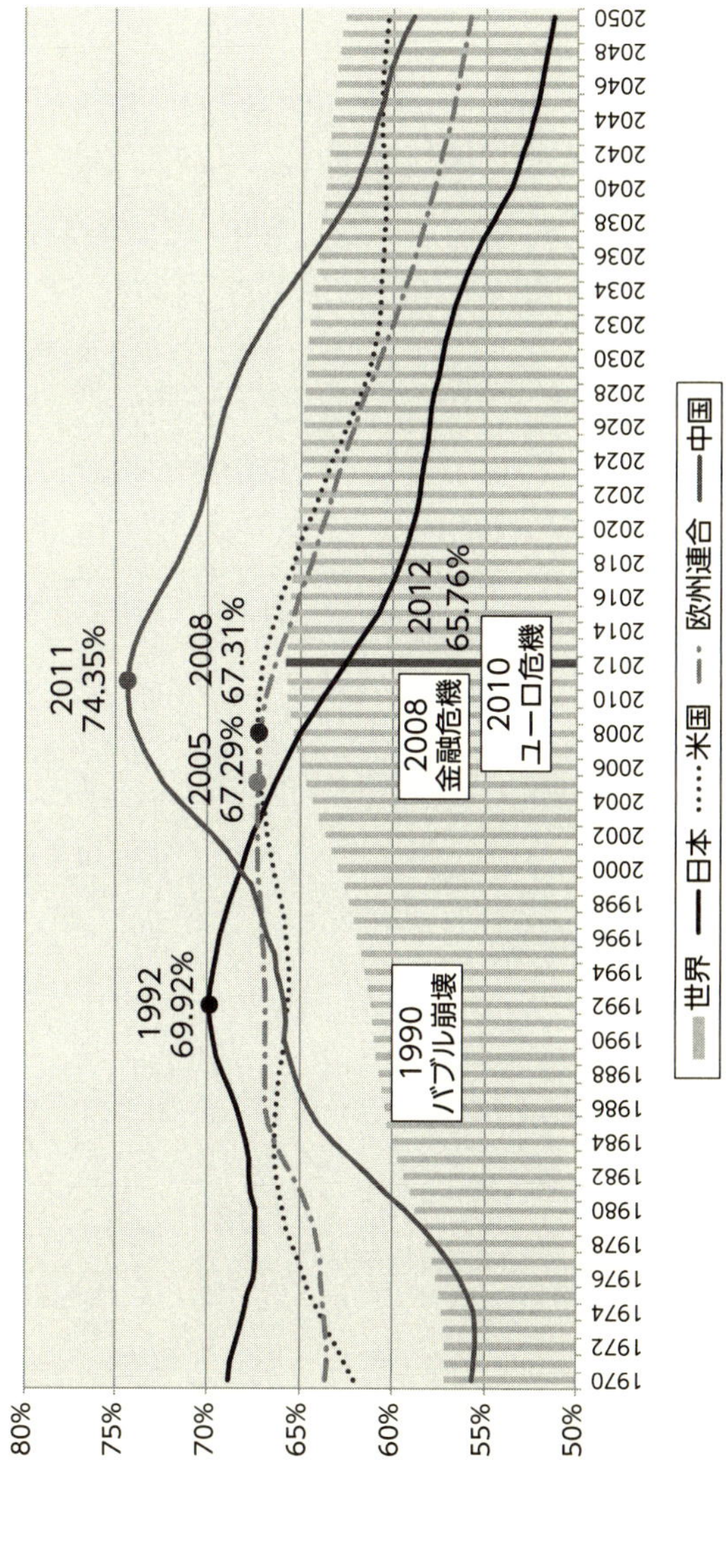

（国際連合2015 Revision of World Population Prospect に基づき三井不動産投資顧問作成）

る。

日本や中国の人口年齢構成の変化が経済成長に大きな影響を与えていることは各種メディア上でもよく話題になっているが、実は米国や欧州でも同様の変化が起きていた。さらに気になるのは、世界全体でも既に2012年に就労年齢人口比率がピークを越えていたということである。中国と同様に、世界全体の経済成長率に関しても2013年以降WEOの見直しの度に、予測値の下方修正が続いている。もちろん個別の経済圏毎に就労に関わる習慣や制度等条件に差があるので、変化のタイミングにはズレがあり変化の程度も様々ではあるが、ある経済圏における収益不動産投資や開発事業投資について判断する際には、個別事案の将来の収益性の前提となる要素の一つとして、当該経済圏の人口年齢構成の変化を確認する必要があることはもちろんのこと、既に世界全体の経済成長率が下方に振れやすい時期に差し掛かっていることを理解しておく必要がある。

アジアでは発展途上国が多いため当面は必要ないはずと思われるかもしれないが、そうではない。発展が期待される経済圏ほど、就労年齢人口比率のピークが意外に近い将来に迫っている場合が少なくないからである。バブル崩壊前の日本や金融危機前後までの中国がそうであったように、就労年齢人口比率が上昇している間は経済成長率の実績値が予測値を上回って落着することが多く、いわば当該経済圏が最も輝いて見える時期になる。皆が発展を期待するということは、就労年齢人口比率の上昇が長期間続いたということに他ならないので、その分就労年齢人口のピークに近づくことになるからである。

それでは、就労年齢人口比率がピークを過ぎた経済圏はその後どうなると考えるべきなのであろうか？　低下した出生率がそのまま継続して、なす術もなく人口減少に向かうのであろうか？　この疑問に答えるためには、なぜこのような人口年齢構成の変化が起きたかを考える必要がある。

日本では1980年頃まで、中国では1995年頃まで、出生率は2・0前後を維持していたため、むしろ死亡率の低下とこれに伴う平均寿命の伸長が出生率の低下に先行することによる、人口の急速な増加が重大問題となっていた。1960年前後には実際に急増する人口（人口爆発）を経済が支えきれずに多数の餓死者が発生するという事態も発生していたので、出生率の低下は予測されたあるいは実際に発生した深刻な問題への対応として、何らかの意図に基づいて進行したと考える方が合理的である。

逆に、前述のように就労年齢人口比率の低下が、経済成長率の下方圧力という深刻な問題を引き起こすのであれば、可能な限り出生率を上昇させる対応が行われることになるはずである。出生率を変化させることに大きな制約があることは事実であるが、中国においていわゆる一人っ子政策が開始された頃には、現在のように出生率の低下に悩むことになることができたのに上昇させることができるとは想像すらできなかったはずだ。低下させることができないという考え方は合理的とは言えない。

人口の年齢構成は人間の生き物としての成長に伴って変化するので、人間の成長に必要な数十年程度の時間の経過の中で動向が変化する。それは、短期的には逆らうことのできない川の流れにもたとえ得るもので、経営判断を下す際に無視することなどありえない。せいぜい5〜10年程度の期間を対象とする不動産投資判断にあっては、経済圏の将来性を判断する場合においては、経済成長力を支える前提条件として理解しておく必要があるのである。

第二部
リスクの海の戦士に贈る武器と海図と羅針盤

第二部は、ある意味で本書の中核部分である。なぜならば、それらの論考のすべてが、これ以上を望めないほどの、最高レベルの実務家の皆様によるものだからである。

小西史彦様は、青雲の志を胸にアセアンで起業され、半生記にわたってマレー半島で事業をされ、傘下に約50社を擁するコングロマリット「テクスケム・リソーセズ」（1993年にマレーシア証券取引所に上場）を一代で築きあげ、マレーシアにおける民間人最高の爵位であるタン・スリの称号を2007年に授与された。日経産業新聞が2015年に15回にわたって「仕事人秘録　ASESNビジネス記40年」という連載を行っている。

本書の編者の一人である杉田浩一氏に、マレーシアのペナンに飛んで頂き、小西様とのインタビューを行って頂いた。それが第二部第一章である。

第二章では、アジア関係のM&Aでは我が国の第一人者である福谷尚久氏に、日本人が「常識」であるかのように思い込んでいるものが、他国とは異なっているかを語って頂く。同氏が書き下ろした巻末の「アジア・ビジネス千夜一夜」とともに、読者諸氏の御役に立つことであろうし、楽しんで読んで頂けるであろう。

筆者もつくづく感じるときがある、「日本人は、『日本でそうなのだから、外国でもそうなのだろう』と自然に思ってしまうものなのだなあ！」と。たとえば、「日本の不動産登記制度と同様の制度は各国にもあるのだろう。だって、登記制度がなかったら、取引ができないだろうし。」とか、「日本では、弁護士事務所や病院は株式会社ではない。だから、ドイツでも、オーストラリアでも、タイでも、病院や弁護士事務所は株式会社ではないのだろう。ましして、上場されていないだろう。」など。これらは全て誤りである。

さて、福谷氏と杉田氏の対談も行って頂いた。お二人とも、M&Aを中心とするインベストメント・バンキングに関する熟達の実務家である。お二人とも、前書（「アジアの見えないリスク」２０１２年）に続き、本書の執筆でも非常にレベルの高い論考をまとめて頂いた。眼光紙背に徹してお読み頂く価値があると考えている。

第四章では、**フォレンジック・リスク**について米国のリスク調査会社である**クロール**の**村崎直子**氏と**影山正**氏にお願いした。不正調査、社内調査、外国公務員への贈賄関連等は、もはや日常的に必要な実務ではあるが、一部の日本企業にとっては新しいテーマなので、同社にはアジア関係だけに絞り込んだ説明ではなく、フォレンジック・リスクの一般的な説明や同社の活動内容の説明をして頂くようにした。

第二部にも補論を付した。これは、特殊アジア的な事項ではなく、普遍的なリスク対応原則の中から、幾つかの教訓を扱っている。特に、事業や投資を提案する場合に、また、提案されたものを検討する場合に、常に必ず順守するべき原則に触れている。

第一章

アジア・ビジネスの王道
―テクスケム・リソーゼズ　小西史彦氏との会談（聞き手：杉田浩一）

「私は石川県の出身でしてね。この海は故郷の七尾湾の風景に似ているんですよ。」

本社の執務室から目の前に広がるペナンの紺碧の海を眼下に見据えながらつぶやいた。広い執務室を見回してみると、そこここに日本人形や日本の絵画等、日本に関連した品々が静かに佇んでいる。

日本で大学を卒業以降、その半生のほとんどをこのマレーシアで過ごし、現地で有数の財閥であるテクスケム・リソーゼズ（テクスケム社）を一代で創業。日本人でマレーシアでの民間人として最高位の爵位のである「タンスリ」を授与され、アジアの主要な財閥の創業者と同じレベルで位置づけられる唯一の日本人。東南アジアのリスクの海のど真ん中を突き進み、あまたの伝説で彩られたその経歴に鑑みると、こうした日本を感じさせる品々を少し意外に感じるとともに、御自分のアイデンティティに対する強い意識にかえって納得感もおぼえる。

今回、海外での事業展開におけるリスクについて、それをより具体的に理解するために現地の実業家にインタビューを行うことになったとき、真っ先にそのインタビュー先として心に浮かんだのが、このテクスケム社の代表である小西史彦氏だ。今回の企画でアジアのリスクを扱うに際して、より深いレベルでアジアのリスクを体感し、やり抜いてきた御経験を、そのリアリティをそのままの鮮度でいかに伝えるかに留意した。たとえば、アジアのリスクを駐在員としての経験から語る人間は数多い。それは貴重な経験談なのだが、その多くは大手日本企業という城壁に守られた中で知り得た現地の状況を語っているケースが多く、リスクの程度やその対応等がどうしても限定的なものになってしまう。

そうではなく、より本質的なアジアのリスクを長期的かつ実務的な視点から語れる人間とは誰か。それは現地に裸一貫で飛び込んでいき、すべてのリスクを皮膚感覚で受け止め、その上でそれを乗り越えて自分で現地で城を立てた人間しかない。それこそ小西氏なのだ。

徒手空拳で創業しマレーシアの一大財閥まで成長

改めて小西氏の略歴を紹介したい。小西氏は、1944年石川県七尾市に、地元の薬問屋の長男として生まれた。1966年に東京薬科大学を卒業後、明治100年記念で実施された「青年の船」プロジェクトでアジア各国を回り、東南アジアへの理解を深めることになる。その後マレーシアのマラヤ大学に交換留学生として1年滞在後、フマキラー・シンガポールに就職。シンガポールの染料商社に移り頭角を現し、1973年29歳でマレーシアのペナンで「テクスケム・トレーディング」を創業した。

たった一人で商店長屋の一角を借りて始めた染料商社だが、その後の石油危機以降の景気低迷の中で苦戦する一方で、別途1974年にアメリカ屋靴店と合弁で始めたシンガポールの靴小売業が大当たりし、その後の成長の基盤を整えた。この成功でBtoCビジネスの魅力に目覚めた小西氏は、1976年に最初に就職したフマキラーと、フマキラー・マレーシアを創業。高品質な蚊取り線香で現地消費者の支持を獲得し、競合会社の買収等を経てマレーシアの蚊取り線香市場でナンバーワンに躍り出た。さらには1993年のタイ市場進出をはじめに、ベトナム、ミャンマー、インドネシアの殺虫剤市場に参入。こうして現地で「蚊取り線香王」と称されるまでの強力なマーケットリーダーとしての地位を確保した。

その後も、1979年のプラスチック成型事業会社、1980年のプリント配線基板会社と矢継ぎ早に成長市場に参入。1990年代には水産加工事業を始めとして、1995年の回転ずしチェーン「すし金」の開店と、果敢に業容を拡大。現在は、傘下に45社、従業員8000人を擁するマレーシアの一大財閥まで成長している。

アジアのリスクとして何が第一に挙げられるのか

こうした波乱万丈の経歴を経てきた小西氏にとって、アジアのリスクと聞いて何をまず挙げるのだろうか。小西氏の今までの事業の中で、アジアにおける事業上のリスクとして、振り返ってみて一番大きかったものは何か聞いてみた。

小西　私は1968年の1月にはじめて東南アジアに足を運びいれて48年、こちらに住んでまいりまして、ずっと現地を見てきました。普通の人間の人生から考えたら、自分の一番ピークの時間の48年ですから、非常に長いわけです。そうした中で、リスクとして一番に挙げられるのは、カントリーリスクだと思うのです。私が見聞してきたうちで、そこで得たひとつの結論というのは、『国の発展というのは、デモクラシーと非常に多くの関連がある』ということです。このことは言ってしまえば、当たり前のような話なのですが、あまりみんな見てないような感じがします。

ビジネスは、それ自体がリスクの塊だ。ましてや海外進出となると、それに加えて日ごろの常識を疑うところからスタートする必要がある。日常やビジネス習慣が基本的に似ている米国や欧州であれば、まだ日本の常識の延長線上で対応できる。ところが、小西氏が創業したのは、1970年代のマレーシアだ。そこは今のように脚光を浴びている成長市場としてのアジア新興国ではなく、今より格段にリスク度の高い未開の市場だった。

新興国でビジネスを行っていると、政府対応や市況の変動、制度面の変化から、労務上の問題、取引先との関係に至るまで、ありとあらゆるリスクにさらされる。そうした中で、小西氏が真っ先に、カントリーリスクを挙げ、それを占う際にどの国が成長をもたらす国かという視点を挙げたことは興味深い。また、その成長に高い相関性があるのが、その国の民主主義の浸透度合いだという。どういうことだろうか。

小西　私は、1968年の1月から2か月くらい、青年の船で8か国、スリランカ、インド、マレーシア、インドネシア、シンガポール、タイ、台湾、フィリピンと、当時日本から行ける場所へ行かせてもらったのですが、そのあとマラヤ大学に1年間留学して、社会人としての生活をスタートしたのです。例えば、1968年の当時というと、私の記憶ではフィリピンのほうがマレーシアよりも進んでいた。また、1960年代の初頭には、ミャンマーのほうがマレーシアよりも進んでいたのです。1962年にミャンマーでネ・ウィンによる軍部のクーデターが起こって、それ以来は最近まで継続して軍部による支配が続き、その間本当に発展しなかった結果、ミャンマーはアセアンで国民一人あたりの所得が最も低い国の一つになってしまっています。ですから、軍事政権になって、デモクラシーが完全になくなったあとは、まったく経済も停滞してしまったわけです。その結果、自分の国からはるかに遅れていた国にダーと抜かれるのです。

小西氏の指摘する通り、ミャンマーは1962年のクーデター以来、2015年11月の総選挙でアウン・サン・スー・チー氏率いる国民民主連合（NLD）が大勝を収めて新政権を確立するまでは、実質的に軍事政権が続いていた。加えて、1962年から1988年までは、所謂「ビルマ式社会主義」を標榜し、表立って民間事業を積極的に展開することすら難しかった。1988年以降も、社会主義時代は終了したものの、軍事政権は長期間継続し、その結果民主化の動きは弾圧され、法制面の整備は遅れ、欧米諸国からの経済制裁も相まって、海外からの投資はほぼないに等しい状況が続いた。その結果、周りのアセアン諸国と比較して、経済成長の観点から、大きく差をつけられてしまったのだ。

小西　他のミャンマー以外のアセアン諸国も同様です。フィリピンは、マルコスの独裁政権の時代が長かったですよね。その結果凄い汚職体質の政権が長く続いたこともあり、完全に経済が停滞して結局マレーシアに抜かれている。タイにしても、70年代から80年代の中ごろはクーデターばかりやっていたのですが、やっぱり経済は停滞しました。ところが、あるときにクーデターがなくなり、その間経済は発展しています。それなのにまた最近クーデターがあって、やっぱりまた経済は停滞してきている。結局は民主主義が否定された場合、経済の停滞が発生するのですよね。

京都大学東南アジア研究所の外山文子氏によれば、1932年の立憲革命以降、タイで起こったクーデターは、1933年、1947年、1948年、1951年、1957年、1958年、1971年、1976年、1977年、1991年、2006年、2014年の、合計13回発生している。1977年のクーデター以降は、1991年まで約14年間平穏な状態が続き、また1991年から2006年までも15年間クーデターがない時期が続いた。1991年から2006年のクーデターまでは15年間クーデターが発生しない期間中に6回の総選挙が実施されており、1990年代のタイは明らかに民主化に向かっていたことがわかる。これらの時期は、アジア経済危機等の激動の時期もあったが、総じて順調にタイの経済が発展している。

民主化が経済成長を支えたマレーシア

さて、そうした中で小西氏はマレーシアのペナンで創業し、その後一貫してそこを拠点として事業を拡大してきた。小西氏から見て、マレーシアは民主化の観点からはどのように映るのだろうか。

小西　世界のいろいろな国を見ると、負けたら投票がおかしいとか言って認めない国もあります。そうするといつまでたっても選挙の結果が尊重されないのですが、マレーシアは一番最初から選挙はきちっとされていましたよ。マレーシアは1957年に独立して以来、継続して普通選挙が実施されて、干渉もなくごまかしもない。イギリス式で、選挙に敗れたら民意を尊重して自分の負けを敗北宣言するというカルチャーがあるのです。もちろん、マレーシアにも多くの問題はあります。1957年にマラヤ連邦としてスタートし、1963年にマレーシア連邦、1965年にシンガポールが離脱して、1969年に人種暴動が起こってと、紆余曲折あるのですが、一貫して6％から7％ぐらいの成長を継続しているのです。

ただ、そのマレーシアも、2016年4月現在、国営投資会社ワン・マレーシア開発（1MDB）の乱脈経営に端を発したナジブ首相の公的資金流用疑惑等、最近は良い話が聞こえてこない。

小西　昨年の2015年6月末にWall Street Journalが、ナジブ首相の不正送金をすっぱ抜いて、それ以来マレーシアのリンギットも一気に下落しています。そうなってもマレーシアは官僚組織がしっかりしているから、去年は5%の経済成長は維持できました。その根底にあるのは民主主義がしっかりしているからで、基本的な政治の仕組み、国体、民主主義のルールが守られています。ここペナン州では、前々回の選挙で与党が大敗して、野党の2期目がはじまっています。前々回の選挙の際には、野党がペナン州を制圧してペナンがどうなるかわからないとか、経済が停滞してしまう云々とか、与党は宣伝しましたが、そうならなかった。ペナンは順調に発展して、前の与党の時よりもはるかによくなっていますよね。したがって、比較的民主主義の自浄能力が作用しているのがマレーシアの特徴です。

中国はなぜ民主主義を抑圧しつつ経済成長してきたのか

さて、アジアの二大国の政治形態を語るにおいて、「インドは早すぎた民主主義、中国は遅すぎた民主主義」と称される。一党独裁で民主主義に対して抑圧的な中国において、いままで曲がりなりにも経済的に高成長を遂げてきた中国は、小西氏の考え方ではどう映るのだろうか。小西氏に中国の経済成長と民主主義との相関性について聞いてみた。

小西　中国はどうかといえば、私も中国に投資はしていますし、何回も行ってはいますが、まず私は中国共産党に関しては、歴史という観点から言うと評価しています。毛沢東さん、周恩来さんたち、このコンビで、中国共産党が中国を席巻して国民党を追い出してしまった。それで達成できたことは、衣食住をとりあえず国民に与えることができたということ。それから中国の国内でいうと、戦争のない国にしてしまったということ。結果として平和な期間が、1949年からずっと続いているわけですよね。それは中国の場合、共産党的なやり方でないとできなかっただろうと思うのです。したがって、中国に関しては民主主義とか唱える以前に、そういう歴史があったわけですよ。彼らの歴史的な背景に鑑みると、中国はそのやり方で発展してきたのが正解だったであろうというように思います。

小西氏は、歴史的な背景から、中国共産党による統治はその当時の状況を考えると効果的であったのではと述べている。そうした中で、中国には、所謂西側諸国がイメージする「民主主義」とは異なる形で、彼らなりの民主主義が存在しているという。

小西　私たちの言うデモクラシーと中国人民の言うデモクラシーとはちょっと質が違うのだろうなあと思うのですよ。以前は清という絶対王政があったが、それが共産党は党内では選挙もある形でやっている。実は共産党の指導部が一番恐れているのは、大衆なのです。もの凄く恐れていますよ。だから民衆の声だとか、夢だとか、希望だとかを国政に反映させなければいけない。そうしないと長続きしないことは中国の歴史が証明している。中国のトップはそれを深く認識しているので、盛んに取り入れています。世界的な基準で言えば到底容認できないけど、中国の長年の絶対君主制の時代からの流れからすると、中国式の民主主義的なエレメントが存在しているのではと思います。

「革命」という言葉は、古代中国の周の時代の「易経」から来ており、天からの「命」が「革《あらた》」まることを指す。時の政権は、「天」から民衆の意向を汲んで政を行うように「命」を受けているが、それをしっかり実行できなければ、革まって新しい政権になることを意味する。こうした発想は、易姓革命として、孟子らの儒教に基づく五行思想などから王朝の交代を説明した理論としてより一般化されていく。その結果、その後の中国で新王朝が成立する度に、その王朝の正当性を強調するために前王朝と末代皇帝の不徳と悪逆が史書編纂などで強調され、「正当な天からの命の継承者」なのかを声高に訴えてきた。逆に政権側は、民衆の意向を組み入れようとし、政権簒奪を試みるものに新たな革命の口実を与えないように慎重になる。

さて、それでは現在の「共産党王朝」は、今後どのような変遷をたどるのであろうか。また新たな「革命」が発生することはあるのだろうか。小西氏は、今後の中国は弊害がより目立ってくるのではと見ている。

小西　最近では、中国は共産党の初心を忘れてしまって、権力の中枢の人たちおよびその子弟、中国共産党の幹部の人たちが、集団で利権を享受するようなしくみを皆で作り上げて今日に至っているわけですよね。当然、矛盾がどんどんどんどんでています。したがって、中国はこれから厳しくなるだろうと私は思っています。

なぜ民主主義が経済発展につながるのか

実は、経済成長と民主主義の関連性は、学術上では古くて新しいテーマだ。政治制度と経済発展との間にどのような関係が存在するか、いままで多くの仮説が唱えられてきたが、いまだ一般に受容された説はないのが現状だ。「アジア経済発展の軌跡―政治制度と産業政策の役割」等の著作がある太田辰幸氏によると「民主制と発展に関する多くの従来の研究を展望してみると、民主制と経済発展との間の関係について、両者の間には関係がないとする両立不可能説、経済発展は民主制のもとで可能であるとする両立可能説、最後に両者の間の関係は不明であるとする懐疑説、の三つに大別される。」（「検証：アジアの政治体制の変化と経済成長」経営研究所論集　第23号2000年2月117頁）とある。

ただ、現地で長期間実際に事業を行っている小西氏の「肌感覚」では、明らかに民主主義は経済成長と長期的に相関性があるとの見解を示している。実務的視点からアジアにおける成長の主要要因、ひいては事業を行う上でのアジアのリスクを考察する際には、こうした現場の視点が極めて重要だ。

さて、そもそも民主主義はなぜ経済発展において重要なのだろうか。民主主義を行うと、なぜ、どのような力がどのように働いて、経済発展に結び付くのだろうか。これも学術上では諸説が存在する。それでは、小西氏の見解はどうだろうか。

小西　ではなぜ民主主義が経済発展に強くつながるかというと、それは国民全体の総力がそこに発揮されるから、というのが私の一つの結論です。民主主義というのは、みんなが政治に参加するということで、経済にも国民が参加するという仕組みができあがるのです。その国の本当の力が、民主主義が高まれば高まるほど、時間の経過とともに総合力としてぎゅーとでてくるため、結果として民主主義をやっている国は非常に強くなっていくということだろうと思います。したがって、カントリーリスクを考える場合に、それは1年、2年の問題ではなく、10年、20年、30年という投資スパンからから勘案するリスクだと思いますので、長期的にその国が政治的にまた経済的にどう発展していくかということは、やはり考察しなければいけない大切なものですよね。そういう意味では、民主主義がきちっと定着されつつあるかという物差しというのはカントリーリスクを測るためには非常に大切な要素になってくるだろうと感じます。

海外進出において、進出先の検討は非常に重要なプロセスだ。その国を間違えると、今後その先の成長はおろか、ビジネスの成功の成否に直結しかねない。進出先の検討においては、幅広い視点での検討が必要になる。ただ、そうした中で、およそどの業界の企業にとっても忘れてはならない重要な要素は、どのように今後安定して成長する国を選ぶかの視点だ。そのための重要な指標が、民主化の成熟度合いなのだ。

意外と行われていない進出対象国の検討作業

「進出先を選ぶ際には、しっかり検討しないといけない」と言われても、何を当たり前のことを言っているのだろうと思うだろう。ただ、意外なことにこの当たり前のことをしっかり行わずに、現地に飛び込んでいく企業も多い。その理由として、付き合い先からの要請や、行ってみて気に入ったから等、進出するという事実に舞い上がって、突っ込んで行ってしまうケースが多いようだ。

小西　アジアへ進出を検討されている企業から、よく相談されています。今度ミャンマーに、あるいはマレーシアに出たい、タイに進出したいと、相談されるのですが、必ず私が聞くのは、どうしてマレーシアなのですか、どうしてミャンマーなのですか、なぜタイなのですかと。これに対して、明確に答えられる人はほとんどいないのですよ。これは面白いですよ。これは確固たる理念を持って行った方がどの程度いるのか、ぜひ統計を取ってみてください。みんな曖昧で、なんとなく親しみを感じたから出たというところが多いのですよ。その人たちはカントリーリスクだとか、5年、10年の政治情勢がどうだということは全然考えていませんよ。

残念ながら、特にリスクの判断に敏感であるべき中小企業において、こうしたノリと勢いで進出先を決定するケースが多いように思われる。こうした進出国の検討において必要な視点は、対象になる国を複数挙げて、その中で比較検討してみることだ。比較の軸を固めた上で、それぞれどの程度充足しているか、確認する必要がある。

その際には、先ほどの政治面での安定度や、民主化の成熟度合いといったマクロレベルの比較に加えて、その進出の目的に応じたより詳細な分析が不可欠だ。たとえば、それが「製造拠点としての進出」であれば、インフラの成熟度、電気代、工場用地、賃借料、熟練工員の存在、従業員の賃料、賃料上昇度合、材料の調達経路、輸送費等が重要だ。一方で、「現地市場の確保」を目的としての進出を行う場合であれば、その商品の想定市場規模、市場拡大の可能性、想定される顧客層、現地の競業企業の存在、他の外資系企業の進出度合い、人件費、輸送費といった点が重要になる。自社にとってより重要な進出上の比較軸が何かを考え、その軸で進出先候補の複数国を比較評価することが重要なのだ。

既に進出している場合のリスクの対応方法

さて、特定の国に進出し事業を始めたはいいが、その後その国の情勢が悪化することもある。進出先を選定した際には、慎重に選び国情も安定していたので比較的問題もないと思ったのだが、その後大きく暗転したという話は、過去にも色々な国で発生している。もう進出してしまった企業からすると、このような状況下でもなんとか対応していかなければならないし、またより状況が悪化したら撤退も考えなければならない。こうした進出国の事業環境における「冬の時期」をどういったように耐えるか、その際に何がポイントになるのだろうか。

小西　一つのケースを申し上げるのですが、私の友人で、タイ国籍でマレーシアで大成功した、華僑の非常に親しい人がいます。あるとき、タイのタクシン首相の時代に、とある金融機関からタイのテレコム業界大手の株を持ってくれないかという話があったんですよ。これはタクシン首相がオーナーの会社です。それまでは外国人は49％までしか持てないというルールがあったのですが、自分が首相の時に外国人の１００％保有が可能な形に改正したわけです。その時は、彼は議会も完全に牛耳っていたわけで、その法律を国会で通して、すぐに自分の残りの持ち株を売却して、それで彼は大もうけしたんです。その売却先がシンガポールの代表的な投資会社でした。ただ、それがきっかけでタイ軍部によるクーデターが起こり、タクシンさんは失脚するわけです。その時に、私の友人ですが、彼もタイ軍部からタクシンの共犯者だと映ったため、彼に対しても逮捕状がでたわけですよ。彼はずっとマレーシアに居住権を持っていて、マレーシアに住んでいるのですが、そんな時に彼は私に会ってこぼすわけですよ。こんなになると思わなかった。自分の親族はまだタイにいるのに、行った瞬間に逮捕されるからもうタイには行けないと。それに対して、私はその会社の業績も良いのだし、しばらくタイに行く必要はないよ、またそのうち変わるからと彼に言って慰めたのです。そのあと、軍部が手を引いて、また選挙になって、タクシンの妹のインラックさんが首相になったら、あっさりと逮捕状の話はなくなりました。そのあとは何度も彼はタイに行っています。この話からわかることは、現地の負の状況もいつかは変わるってことです。そこにいて10年、20年、30年やっていけば、どうしようということも起こる。たとえば、10年やって何か起こったのならば、あと20年いて状況を見ておくのも良いじゃないかと。これが私の答えですね。

金融の世界で、ボラティリティの高い投資をする際に、非常に重要な鉄則がある。それは、なるべく投資の時間軸を長く持つことだ。ＩＲＲ（内部収益率）等の一定期間での投資リターン最大化の観点からは、当然より短期間で高いリターンを上げることが望ましい。ただ、皆それを狙って動いているが、状況が逆に振れる局面も出てくる。そうした時に、向こう1年以内で売却しないといけない人と、5年以内で売却しないといけない人とでは、どちらが有利だろうか。答えは5年間待てる人の方だ。その間に、状況が変わり、価格が持ち直す可能性がより高くなるからだ。よりリスク度が高い投資は、上がる可能性も高いが、同様に下がる可能性も高い。そうした時に、より長い期間の投資を想定している場合は、たとえ多少下振れしても、じっくりと腰を据えてリカバリーを待つことが可能だ。

新興国のような、リスク度が高い国に対する投資においては、まさにこの点は重要で、投資を行うからには、それなりに多少の浮き沈みがあっても耐えられるような、最初から長い時間軸を持って投資をする必要がある。例えば、クーデターの発生等の民衆の動向や、近隣諸国の経済的な後退、為替の変動、人件費の高騰等、色々な問題が起こることが予想される。そうしたことを見据えた上で、多少のマイナスがあっても取り返すための、投資の「持ち時間」をより長く最初から持っている方が有利なのだ。

長期的視点でのミャンマーへの先行投資

たとえばミャンマーのように、短期的には難しい面が多いけれども、長期的には高い成長が期待できる市場においては、こうした果実がじっくり熟れるまで待てる人がより有利になる。市場が拡大する前に多くの問題に直面する中、それに慄いてライバルが市場から退出してしまえば、市場が花開くころには残存者メリットをじっくりと享受することができるのだ。実際小西氏も、ミャンマーにより早期に着目し、市場が実るまでじっくり待って、その果実を享受している。

小西　当社としてはじめてミャンマーに投資したのが1996年。最初は蚊取り線香の生産から始めました。これは、欧米各国から経済制裁を受けている最中ですよね。まあ、そのうちに経済制裁を解除されるようになるのではないか、それはたとえばベトナムとか、長い時間をかけて少しずつ少しずつ民主化され、経済も自由化されてくるプロセスを見てきたからミャンマーもいずれそうなるだろうと思って見渡すと、欧米企業は完全に撤退、日本企業もほとんど撤退、ほとんど残っていないのですよ。そうこうしているうちに、ミャンマー政権のいろいろな大臣と親しくなっていきました。軍事政権ということで、怖いイメージはあるかもしれませんが、ひとりひとりのミャンマー人は良い人なのです。そうした中で2000年ごろに、彼らから水産加工を行わないかとの話が出てきました。

2002年に、テクスケム社はミャンマー政府の要請を受けて、水産加工業を行うために、MIC（ミャンマー・インベストメント・コミッション）から、100%外資による出資の許可を取得した。これは、極めて画期的なことだった。ミャンマーにおいて、MICからの出資許可での投資を行う際には、外国投資法に基づいて出資の申請プロセスを行う必要がある。外国投資法にはその施行細則に「禁止・制限業種リスト」を記載しており、外資系が参入できる業種、また制限つきで参入できる業種を列記している。

当時よりも制限が緩くなった現在の外国投資法の禁止・制限リストにおいても、水産加工業は原則現地との合弁でのみ参入できる業種となっている。「実践ミャンマー進出戦略立案マニュアル」（杉田浩一・行方國男、2016年2月、ダイヤモンド社）によると、このリストの中で、水産加工に類する業種は、「特別な条件の下で許可される経済活動関連省庁の承認があり合弁であれば許可される経済活動リスト（43分野）」における、「1．畜水産農村開発省傘下（g）漁業関連製品の加工及び生産」に位置づけられる。

当時より、より外資にとっての制限が緩やかになった現在においても、通常は現地との合弁でなければ水産加工業での進出はできないのだが、2002年段階において100%

外資での進出許可を受けており、よほど特異なケースと言えよう。ただ、当時は欧米諸国からの経済制裁の最中で、当時のミャンマー政府は外貨を少しでも稼ぎたかったこともあり、こうした特例となったことが予想される。

こうして進出したミャンマー事業も、最初は苦戦の連続だった。

小西　この事業は大変で、大変で。なぜなら、軍人の大臣が全然わかっていないわけですよ。それで苦労して、苦労して、ずーと赤字になって、テイン・セインさんが大統領になってから、ようやく２０１４年に利益が出るようになりました。したがって、２０１５年の頭からミャンマーの投資を増やしました。それで始めた事業というのは、明らかに我々が先行しているからできた事業で、初年度から利益が出ているのです。ソフトシェルクラブの新しい養殖事業で、ミャンマーでは二番目の養殖の場所なのですが、前にやってきたところの人材や資源を動かして、短期間に事業の立ち上げを行うことができました。現時点の政府や中央官庁ともうまくやれています。ということで、我々はミャンマーみたいな国で先行していたから、その恩恵をまさに今受けているのです

現在でもミャンマー政府と事業の許認可等での話をする際に、説明に苦慮するケースが

多い。というのも、ミャンマーにまだない事業を行う場合、政府の担当者の理解が追い付かず、彼らが見たことのない事業内容をうまく伝えることができないからだ。小西氏が出資した2002年当時は、今以上にそうした状況が多かった。その当時、政府の理解力が悪かったというのは、具体的にどういった点だったのだろうか。

小西　いくつかあるのですが、一つは輸出に対して輸出税を取っていたことでした。FOB（本船甲板渡し条件）で輸出金額の10％相当額を輸出税として払う必要があったのです。輸出税というのは輸出の認証のときに払うのだから取りやすいのですよ。ただ、支払税額を少なくするために、実際の金額より少ない数値で申請してごまかしているケースが多いのですが、弊社の場合は上場企業としてそのようなことはできないのです。したがって、今までしっかりと10％払ってきましたが、膨大な金額になります。水産加工品で、根元のFOBで10％輸出税かけられたら、利益なんかでませんよ。

私は何回も関連の大臣に会って輸出税の撤廃を請求してきました。民衆をちゃんと引き付けるためには雇用しかありませんよ。雇用確保のためには輸出産業を育てるのは絶対に必要なのだ。だからなんで輸出に制限を課すようなことをするのだと。税収を増やしたいと思うのだったら、一般の所得税をちゃんと取りなさい。それも取れないというのだったら、消費税のような付加価値税でとりなさい。それも結構なしくみが必要なのだと思うが、輸出税を取るというのはまったく間違っている。聞いたことがないと言いましたよ。あなたたち軍人は会計も知らないし、一番取りやすいからといって輸出税を取っているというのは絶対に間違っていると言ってきました。それがテイン・セイン大統領の時代になって、ようやく変わるようになりました。10％が5％になって、3％になって、2％になって、とうとう2014年にゼロになって、それでようやく利益が出るようになりました。

その当時のミャンマーは、軍事政権の最中だったこともあり、中央官庁の課長レベルから始まり、局長、次官、大臣、副大臣、ほとんど軍人だった。したがって、こうした官僚が、総じて経済をよくわかっていなかった。したがって、他国で当たり前のことも実施できないことが多く、何回も行って説明して初めて理解して政策変更を行うこともあるが、いずれにしても時間がかかる。加えて、下の担当官をようやく説得したと思っても、彼らがその話をその上官のところに持って行っても、そこでその上官が理解できないがゆえにまた一から説明を繰り返す必要がある。この点は、現在のミャンマーにおいてもまだ多分に発生する困難さだ。

さて、そこまで苦労しながら、それでもテクスケム社は撤退せずにミャンマーに残っていた。他の欧米系企業は軒並み撤退し、日系企業の多くが撤退していった中で、そこまで粘ったのは何が理由なのだろうか。

小西　まあ、これはちょっと非合理的なのですけど、ミャンマーが好きで、ミャンマーがラストフロンティアなんて言われる前からミャンマーっていう国に非常に魅力を感じていたのですよ。親日的で非常に穏やかで。あの国はちゃんと民主化して、ちゃんとした行政が施行されると、良い国になるだろうと思ったのです。ただね、時間かかりすぎですよ。我慢して我慢して毎年すごい赤字になって。それは、ミャンマーの偉い人も知っていますよ。だって、払っている輸出税だけでも莫大な金額ですから。だから、当社はミャンマーの中央政府の受けは良いですよ。

ミャンマーの金融封鎖の中で貿易を行うには？

そうしたミャンマービジネスにおいて、最も困難な点の一つに欧米諸国からの経済制裁下でいかにビジネスを行うかという点があった。当時の民主化弾圧に対して、米国および欧州は1996年から度重なる経済制裁を課しミャンマーとの取引を制限した。主なものだけでも、ミャンマー政府高官や与党の幹部及び軍経験者に対する米国入国ビザの発給停止、同国向け新規投資の禁止、同国向けの送金や金融サービス提供の禁止、軍事政権関係者の資産凍結などがある。

こうした中で、とりわけ大きなインパクトをもたらしたのが、2003年に発令されたミャンマー自由・民主化法案大統領令13310号で、それにはミャンマーに対する金融サービス提供の禁止が含まれていた。したがって、米国もしくは米国に拠点を有する金融機関（つまり世界の主要金融機関のすべて）は、ミャンマーへの送金が禁じられた。これによるミャンマー貿易におけるインパクトは極めて大きく、この結果関係企業は資金のやり取りで大きな支障が生じることになった。

さて、テクスケム社がミャンマーで水産加工業務に乗り出したのは、ミャンマー金融封鎖の大統領令が発効される直前の2002年だ。このように資金の流れが急きょ制限された中で、彼らはどのように困難を乗り越えて行ったのだろうか。

小西　ミャンマーは経済制裁を受け、アメリカにとどめを刺されて、USドルを使うことを禁止されましたよね。USドルを使うことを禁止されたら、普通の国はやっていけないですよ。我々が開くL／Cも決済は全部米国です。ミャンマーの銀行に開いても結局はニューヨーク。だから資金の流れは簡単に止められる。したがって貿易なんかできなくなる。そういうときにミャンマーがとった交易手段というのはボーダートレード。まあ、国境における物々交換に近いものですよね。面白いのは、当社はそんなときでもUSドルを使ってやっていたんです。我々も合衆国政府のブラックリストにのりたくないから、あまり公言してこなかったことだけど、違法なことをやっているわけではない。マレーシアの銀行の中でも、せいぜい国内だとか、2、3ヵ国くらいにしかでていないローカルな銀行が何行もある。ミャンマーの当時の国立銀行は、そういったところに莫大なUSドルを預金している。その金額の範囲内だったら、L／Cの開設はできたんですよ。実はこれは当時一般的には誰も知らない方法でした。マレーシアを代表する銀行はそれをやって、米国に頭をごつんとたたかれましたが、その規模ではない小さなローカル銀行はそれをやっていた。米国政府の影響が及ばない銀行は何行もあって、我々はそこからL／Cを開いてやっていました。したがって、決済はニューヨークじゃなかったんです。

そういうような動き方をしているマレーシアの企業というのは、ほかにも多かったのだろうか。また、そのような銀行をどのように探していったのだろうか。

小西　あんまり多くの人は知らなかったね。それができる銀行については、一つ一つローカルの銀行を回って確認しました。おたくではこういう取引できるかと、全然取引のない銀行も回りましたよ。満額積むので銀行からはありがたい話。その目的だけにそういう銀行を使いました。我々の通常の取引銀行は、どこも大きいからそんなこと手を出せなかったんです。

ミャンマーの金融サービスが未整備であることは、この国の発展における大きな阻害要因の一つだった。通常の銀行であれば、本支店間決済で資金のやり取りは当然行える。ただ、その常識が通じなかったのが、その当時のミャンマーだった。

小西　ミャンマーの銀行ですが、これが銀行として機能していないわけですよ。弊社はヤンゴンにミャンマー事業の本社があり、ミャンマー南部にあるミャンマー最大の漁業及び水産加工の基地であるメイクという町に工場がありました。取引先銀行はヤンゴンには本社があって、メイクにも支店があるのですが、ヤンゴンの本店に預金を積んでおいても、それを支店では引き出せないのです。支店は支店でお金を回しているのでしょうね。

それで何が問題かというと、弊社のヤンゴン口座ではお金がたまっていくが、出費が多いメイクの口座では、逆にどんどん減っていくことです。メイクであがってきたお魚を弊社が現地通貨のチャットで買って輸出する。その際はもちろんL／Cを組んだり、T／Tで送金したりする。これはほかにルートはないからメイクには行かずにヤンゴンに行くのです。だからヤンゴンのほうにはお金が貯まっていくわけですが、メイクのほうは払う一方ですよね。労働賃金も全部払わなければいけない。そうしたら、あっという間に当社のメイクの事業所はお金がなくなるわけですよ。それなのに、本店にある資金をメイクの支店では引き出せない。そうしたら、当社のヤンゴンの首席駐在員が、ある人物に金曜日に、「月曜日に給料の支払いがあるから、100億チャットをメイクの事業所に届けてくれないか」と電話するのです。そうすると、100億チャットがどんどんとメイクの事業所に届けられ、当社のヤンゴン事務所はその人物に100億チャット渡すのですよ。それも手数料なしで。

もっと凄いのは、何かの拍子で海外からの送金がうまく機能しない時があって、ヤンゴンにもお金が届かない時があった。どうしたらいいかという時に、当社の水産事業部の一つの会社の社長が華僑系なんですが、彼がマレーシアの華僑に電話して、来週の月曜日の

10時に当社のヤンゴン事務所に500億チャットどうにかデリバーしてくれないかと言うと、OKと。それでちゃんと現地に届くのですよ。どうやってそれを合法的にそれをやるかというと、パートペイメントという分割払いのようなものです。要するに、当社のヤンゴン事務所が当社の本社に送金の指示を出してくる。すると我々に関係ない第三者の会社から請求書が来るので、それにマレーシアリンギットで分割払いで払うのです。そうすると当社のヤンゴンオフィスがドーンと現金を受け取るのです。これも手数料なしです。それも、華僑のアンダーグラウンドではちゃんと機能している。

――やはりそういう現地のネットワークが真の情報を呼び込むということなのだろうか。

小西　そうですね。あとは信用ですよね。当社はおかしなことは一切するなと徹底しているから、そんなときは電話一本。ただし、電話するのは決まった人。それはその人間の関係を重要視するからです。これは日本の企業はできないでしょうね。

日本企業は、基本的に組織で戦う傾向があることに加えて、個人に過度に頼ることで腐敗の温床にならないように、どうしても役職をローテーションで変える。逆に華僑は、個人の関係を持つ集合体が、会社組織に集まっているので、会社の名前では無理だが、その個人の名前でだと取引が出来ることがある。このような個人レベルのネットワークを持った従業員が多くいる企業は強い。また、そうした個人のネットワークが生きるのは、その会社がしっかりとした信用を有するからだろう。

道なき道でどう物流ルートを確保するか

資金の流れと同様に、モノの流れがしっかり確保されて、初めてビジネスがなし得る。ただ、ミャンマーの難しさは、この物流ルートが整備されていないことだ。現在においても、東南アジアを横断する「東西回廊」及び「南部回廊」ルートにおいて、ミャンマーから東は整備されているのに対して、ミャンマー国内の幹線道路が未整備のため、東南アジアの他国との物流ルートで文字通りボトルネックになっている。2000年初頭においては、今以上にその障壁は大きかった。

小西　ミャンマー政府の強い要望があってメイクに水産加工工場を作るときに、当初一番問題になったのは、どうやってメイクから運搬するかだったんです。お魚を買うことはできる、それを加工する技術は持っている、冷凍もする、売ることもできる、ただそれを運搬しなければ商売になりませんからね。そのためには、水産加工しているメイクで冷凍して、冷凍コンテナで搬出しなければいけない。そこは大きなライナーなんか来ないし、来ても入れるような港がない。それで、そのときにマレーシアのペナンの華僑の企業でミャンマーに進出していた企業を買収して、その会社を活用する形で対応したのです。その華僑の会社は、今から25年前から運搬船を使ってペナンに運び込んでいたのですよ。その会社は平底のプロペラのついているバージを持っていて、そこにコンテナを20本なり、30本なり積んで、それでメイクとかペナンとかに運送しているのです。そのロジスティックスのノウハウを生かさなければ商売にならない。それで会社を丸ごと買ったわけですよ。

その際に何が問題かというと、今から13年くらい前の当時は、まだ軍事政権のはなはだしいころで、辺境の武装する少数民族の中を通して輸送しなければならなかったことです。ミャンマー政府は国境地帯であっちこっちの部族と戦争状況にありました。メイクから何百キロ下ったところにタイとの国境があって、そこまでの100キロか200キロの間に反政府の人たちが住んでいる場所があり、そこを通っていくのです。平底の船だから、あんまり沖にはでられないので、沿岸で行くしかしょうがない。そうすると、彼らの領海の中を走るのです。これがたいへんで、これは普通は通りませんよ。特に、反政府の人たちと話をするというのは、なかなか難しいですよね。そこにこの華僑の人たちは、ちゃんと通行料を払って話をつけているのですよ。そこを突破してタイに入る。タイに入るときも、タイの警備隊や税関とか話をつけて、それで結局今日まで一回も事故とか、しょっ引かれるとかがなかったのですよ。実際に制度が始まったのは2003年だから、12年以上それでやっているわけ。要するに、通過するときのトラブルは全然ないです。

それは私はやっぱり、ちゃんとまじめに払うものを払いなさいと。大した金額じゃあないのです。絶対ごまかさないし、あそこはちゃんと払うと思われている。だから検閲なんかしませんよ。わーと手を振って、こちらは今月は何隻通したからいくらと払いに行くのです。そのうち、その反政府のボスとも仲良くなった。お宅のところでも魚取らせてくれないかと。ディーゼルと発電機も置くから冷凍庫を置かしてもらえないかと。そうなるともう完全にお友達ですよね。

結局、日本も含めてどこの国でも同じなのが、そこの人に喜んでもらえることをきちっとやりつくせるかということが重要なのだろう。特に、リスク度の高い道なき道でも、個人的な人間関係を確立してしまえば、そこで他の人が通れない花道ができてしまうのだ。

小西　やっぱりね、ロングタームでまじめにきっちりとやらねばならないということですよ。あまりに短期間にやるのではなく、こつこつやるしかないということですよ。私はそう思ってやっています。

先程記載した「投資の時間軸」の観点から言うと、日系企業は総じてより長期的スパンで考えているケースが多い。ミャンマーの人がよく言うのは、日本系の企業は投資の決定は遅いが、撤退するのも遅い。一方で、中国系の企業とか、韓国系の企業とかはパッと入って出るのも早く、ひどい会社の場合はうまくいかないと、ほっちらかして出て行ってしまう。華僑系は、そういった点ではどうなのだろうか。

小西　一般的には、華僑の人たちは結構みんながんばりますよ。だから、新たに入っていってパッと出ていくようなことはしませんよ。同じ中華圏からきているにもかかわらず、アジアに住む華僑の人たちと大陸の中国人は明らかに違うんですよ。考え方も行動様式も違うのですよね。みんな華僑を恐れて、華僑には注意したほうがよいという人もいるけど、私は華僑は大好きですよ。

リスクへの特効薬は個人的な人間関係の積み重ね　それをどう確立していったのか

１９９０年代の半ばから２０００年代にかけて、多くの企業がミャンマーから撤退していった。曰く、経済制裁で事業が立ちいかなくなったから。インフラが未整備だから。送金ができなくなったから。そうした中で、テクスケム社は事業を継続させ、現在この分野で圧倒的な地位を築く足掛かりをその時代に確立した。それが出来た大きな要因は、そうした中でも事業を行っている華僑ネットワークへの属人的な人間関係と、公正明大な取引を通じて、そうした人間関係を現地でしっかりと拡大していったからだ。つまりポイントは、現地でのしっかりとした人間関係を確立することが、リスクへの対応におけるもっとも効果的な方法なのだ。ただ、一方で現地企業に騙された、現地の人とうまく人間関係が築けないといった声も聞く。どのようにすれば、現地で深い人間関係を築くことができるのか。

小西　私は東南アジアの水産業界ですごく人気があるのですよ。なぜか、どこへ行ってもすごく大事にされていて。なぜかというと、その人たちとの付き合いをしっかりやってきたから。私の信条で"I trust you before you trust me"というのがあるのですが、これはさすがに華僑でも破天荒な考え方ですよ。私はそれを言って、実行してきました。なぜかというと、初対面でこの人が気に入ったと思ったときに、その人と仕事をやるときに、その人を信頼しなければできないからです。私が先に信頼しなければ、彼が私を信頼するなんてことはできません。これはもう、真理ですよ。自然にお互いを信頼できるようになるまでは3年から5年かかるわけですが、そんなんでは商売は間に合わない。だから私は先にこの人を信頼すると宣言してやります。大丈夫かと言われたら、"I opted to trust him"だと。要は、『彼を信頼するのだということを、私は意思を持って選択しているのだ』と。華僑のスタッフが、本当に彼を信頼するのですかと聞くのですが、わからないと。でも俺はほかに選択肢がないのだと。これは華僑の人にもできないんだよね。そうすると向こうは感激するのですよ。そうすることで、相手から信頼が出てくるんです。

華僑系は、彼らの人間関係を通じた独自の信用情報のネットワークを有している。そのネットワークが、仕事の情報でも、独自の資金ネットワークでも、物流ルートにもつながっているのは前述のとおりだ。この人間は信頼できるとなって、はじめてそのネットワークの一端に触れることができるが、そこにたどり着くためには、彼らの幾重ものチェックをパスする必要がある。彼らからしても、この人間は信頼できると言って彼らのループに入れた人間が、信用に反する行動をした場合、その人間を紹介した者の信頼が大きく毀損するからだ。一方で、逆に一回信じてくれると、全然違う世界が広がる。

小西　ただ、今までやっている中で、そうした人間関係を構築するのには、結局時間がかかっています。それまで誠実にやるしかないのです。それが積もり積もって、今では私は、東南アジアのどこへ行っても信頼してもらえますよ。それは全部私が悪いことはしてこなかったから。相手を裏切るってこともしてこなかった。その代わり、信頼して裏切られたら相手にしないとか、場合によっては報復するってこともやりますからね。でも、そういうケースはあんまりないですね。

――相手に対して何か問題があったとき、我々はアウェイの立場で裁判等を行う必要があります。御社の場合は現地に根付いているから違うかもしれませんが、日本企業の場合はアウェイの立場で現地の企業に対して係争をしていかなければいけない。そういった時に、今まで気を付けてきたこと、やり方といったことはありますか。

小西　基本的には裁判で解決できることなんかないですよ。両方とも引きずってしまうのでね。それまでに解決しなければいけないこと。これといったマジックはないのですけども、やっぱり相手をよく見ることではないでしょうか。華僑にも悪いやつはいるのですよ。でもそういった輩は、そうした顔をしているのですよ。男も40過ぎたら自分の顔に責任を持てっていうのですが、やっぱり顔にでるのですよ。

どのように離職率の低い会社をつくるか

東南アジアは総じて日本と比べて離職率が高い。特に、目的意識が高く優秀な人間は、自らのキャリアアップのために、どんどん仕事を変わっていく。日本では、履歴書にあまりに多くの会社の経歴が載っていると、むしろネガティブに見られるきらいがあるのに対し、東南アジアの多くでは、1社でずっと働いていると、下手をするとこの人は優秀でないからどこにも行けなかったんだと見られかねない。その結果、多くの日系を含む現地の企業が、高い離職率の中で優秀な人材をいかに引き留めるかに頭を悩ましている。一方で、テクスケム社は、総じて在職期間が長い社員が多い。はたしてどのようにすれば、優秀な社員をつなぎとめていくことができるのだろうか。

小西　これはね、日本人だからっていう問題ではない。離職率が高いというのは外国企業だけではないのですよ。国内の民族資本の企業でもみんな同じなのですよね。これは普遍的な現象ですよ。ですが、当社には何十年勤続という人がいるのですよ。どうしてですかといわれるのですが、実は先週の金曜日に当社の部長会議があって、160～170人、アセアン中から出席するのですが、そのときの質疑応答の中で、私に答えてほしいと若いCEOが、私に振った質問があるのですよ。それはまさに、どうしたら有望な自分たちの後輩というか優秀な部下を引き留めておくことができるかという質問でした。それに対して、私はこれは普遍的な問題で、これについては真剣に考える必要があると。ただ、当社のあなた方はほとんど永年勤続で下から上がってきている。それが当社でできているということに関して、あなた方はもう少し考えるべきだと答えました。

まず、当社では社内でのポリティッキング、派閥を作ったりするのは絶対に禁止しています。これがあったら、私は絶対に許さない。なぜそれをしなくちゃいけないかというと、東南アジアの企業社会というのは、徹底的に縁故の社会ですよね。そうするとね、縁故でない人はどうなるのだという、みんな同じテーマを抱えているのです。当社は縁故なんかは関係ないわけです。私は当社の大株主だとか、役員の子弟は入れない。というふうに43年間やってきた。なぜかというと、基本的にみんな中途入社なのですよね。日本のようにみな4月に入って来るのではなく、みんな五月雨式に入ってきて、五月雨式にやめて、また五月雨式に入ってくる。私は若いときは、一人一人インタビューして、それを繰り返しているわけなんですよ。

入社のインタビューの中で、前の会社の給料は290リンギットももらっていたのに、こちらに入ると200リンギットになると90リンギットも下がるのだよと。その人は3年働いてきたけど、あんまり派閥争いがひどくて、自分は縁故でもなかったし、縁故でなくても自分は頑張ってやっていこうと思ったけど、もう嫌気がさしたと。だから雇ってください と。それに対してわかった、十分やっていける経験があるから250出そうと。それで入ってもらった。そんな経験を多くしているわけですよ。そういったことから、派閥を作るようなことは一切厳禁してきたのです。だから、まずそれを心掛けなさいということを皆に言っているのですよ。お前たちが順調に出世してきたのは、そういうのがないからだと。現在のテキスケムグループのCEOは私から数えて三代目だよ。二人目も華僑、三代目も華僑で、この二人はいずれも俺と関係がなく、この二人とも大学を出て初めて得た職がこの会社だと。彼らもそうやって順調に出世して、ついには上場会社のプレジデントになった。それは当社にはそういうしがらみがないからだと。そういうことは気をつけなさいと言いましたね。

その次に私が言ったのは、私がやっているように部下に接しなさいと。私はあなた方一人一人に対して、あなたの将来はこうですよ、君の将来はこうですよと、一人一人違う将来をビジョンとかフォーカスとかをちゃんと示しているわけですよ。その人の資質だとか、その人の学校で学んできたことだとか、いろいろなことを勘案して、それをもってあなたの将来はこうですよ、こういう風に行きなさいよと示しているわけですよ。その人がバーっと伸びて来たら違うフォーカスを与えなければいけない。コンスタントにその人たちとダイレクトに時間を持たなければいけない。それを自分の部下にやりなさいと。そのためには自分がクリーンでないといけない。本当に自分の部下が尊敬していないと、あなたがいくらフォーカスを与えても、部下は言うことを聞かないからね。それであなたの部下が本当に優秀で、それでＫＰＩ（重要業績評価指標）も与えて、それができたというときは、昇進しなさいと。あなた方に自分にそれができる権限がないというのならば、あなた方が責任をもってボスを説得して、非常に優秀だから上げてくださいと言わなければいけない。

――そういう組織のダイナミズムを維持するためには公平な人事評価制度が肝になると思うのですけど。どういう形で運営しているのですか。

小西　そうです。それはね、二通りの違うフォーマットで一人一人のパフォーマンスをちゃんと評価していますよ。毎年、必ず12月になったら翌年のＫＰＩを与えて、それをちゃんと次の年に考課して、それを本人とシェアするのですよ。そういうトランスペアレンスが必要ですよね。そのうえで本人も納得して来年のＫＰＩをこうしようねと言って、決める。フェアですよ。

——逆に東南アジアに進出している日本企業というのは、こっちの人から見ると、日本人縁故の企業だろうと見られかねませんね。そうなると、なかなか現地の人はついてきませんね。

小西　そんなことしたら、誰もついてきませんよ。進出している日本の企業に伝えたいのは、それをやるとローカルの人材を失うことになるし、来てもらえなくなるということです。東南アジアで事業を拡大しようと思ったら、絶対に現地の人材を育成していく。日本人だけでやろうと思ったってできるわけがない。それでうまくいっていない企業がいっぱいあるのです。

華僑の強みに、強固な信頼のネットワークを挙げた。多くの華僑系の企業で信頼の一番のよりどころになっているのが、「家族」だ。一族の血縁のつながりの中で、その信頼感を軸に拡大してきた企業が多く、その結果相当な規模の財閥になっても、実態は同族経営のままだったりする。現地の財閥の強みは、ただ一方でマイナス点にもなり、この同族企業からどのように近代的な企業組織に転換していくか模索している現地財閥も多い。そうした中で、日本企業が、日本人を特段優遇することなく、平等な機会を提供する会社組織を持ち込むことができれば、逆に華僑の財閥の縁故から外れた優秀な人材を呼び寄せることができる。それを実証したのが、テクスケム社なのだ。
日本の戦国時代の織田信長にしてみても、伸びていく組織は、その出自や縁故にとらわれずに優秀な人材に自由に力をふるう場を提供している。残念ながら、他の欧米の外資系企業のほうが、より実力主義で上に上がっていけると現地では認知されており、そうした企業に優秀な人材が引き抜かれているのが実情だ。

──加えて、そうした優秀な人間を囲い込んで引き上げる仕組みも必要になる。

小西　そこは常に心がけて、現地の有望な人々を見つけて、その人たちをモチベートして、教育もしています。当社は30から40代の若者にＭＢＡに行かせていますよ。だから当社はＭＢＡ取得者がいっぱいいますよ。ただ、認定されたら、入学プロセスは自分でやれというのですよ。最初の学期に必要なお金は自分で用意しなければいけない。それで試験にパスする。パスしたら払ってもらえるのです。その金で次の学期に進むことができる。パスしたらまた払ってもらえる。結局全部終わったら全部払ってもらえるのです。ただし、パスしなかったら払ってもらえないのです。当社の30代の幹部の中でＭＢＡ取得者がいっぱいになると、グループ全体でＭＢＡの考え方をやっていけるようになる。当社の本社を始め主要子会社のトップレベルはＭＢＡ取得者がほとんどです。

もう一つの人事の秘訣ですけど、もうそろそろ自分は上がれると本人が思う手前で、ポーンと先に役職を上げろというのですよ。これは東南アジアの人たちにはすごく効きますね。

結局のところ、自社内での優秀な人材のつなぎとめにおいても、どれだけ相手の心をつかめるかにかかってくる。これも相手の資質を見込んで、先にこちらが信頼するところから始まる。つまりは“I opted to trust him”ということだ。

まとめに代えて

今回、アジアのリスクとそこでどのように対応するかをテーマに、東南アジアで48年にわたり事業を展開してきた小西氏に話を伺った。その話は、予想通り現地のリスクの荒波を潜りぬけてきた実体験に基づいた、きわめて示唆に富んだ内容だった。この小西の対談の中で、重要なポイントをまとめると、次の5点になる。

まず1点目は、「自分の戦う場所を慎重に見極める」こと。どの国が伸びるのか、またどの国であれば、自分の行いたい事業を拡大していくことができるのか。そうした中で重要なのが、「長期的に民主主義の成熟度の高い国はより成長する」ということだ。こうした点を含めて、しっかりとした分析に基づいて、進出先の検討を行う必要がある。

2点目は、「長期的視点で投資を行うこと」だ。慎重に進出先を選んだとしても、事業を行っていたら、そこで何らかの「冬の時代」は来るだろう。そうした中で大事なのは、長期的なスタンスで投資を行い、いつか来る春に向けてじっくりと腰を据えて待つこと。当然状況によっては迅速な撤退が必要になる局面もあるかもしれないが、まずは心持ちとして、より「長期の投資の時間軸」で勝負を行うことが重要だ。こうしてじっくり待っている間に力を蓄え、春になった時には先頭ランナーに躍り出るのだ。

3点目は、「現地の信頼に足るネットワークをしっかり構築すること」だ。現地での冬の時代でも、荒波の中でも、そうした中で本当に頼れるものは現地のネットワークだ。法整備が整わず、かついろんな未整備がある中で戦っていくためには、そこにいる人たちから本当に信用されないといけない。逆に彼らの信頼があれば、他の人には見えない道が、目の前に敷かれていくことになり、それは大きな差別化の要因になるのだ。

4点目、そしてこれが最も今回重要な点が、こうした現地のネットワークを築くために重要なことが二つあり、それが「公明正大な取引に徹すること」と、"I opted to trust him"（相手がこちらを信頼する前に、こちらが相手を自らの強い意思をもって先に信頼すること）だ。そうすることで、一気に相手の懐に入り込み、信頼関係を獲得することができる。ただ、その前提として、どの人間が信頼できるかの選別眼が問われることは言うまでもない。

5点目、最後に「縁故等の派閥を作らない」。優秀な人間を引き留め、そしてそうした人間に思う存分腕を振るってもらうためには、仲間うちで固まらず、現地の人間がいかに自分の会社だと思える環境を用意するか、またその中で一人一人の優秀なメンバーの将来をしっかりとデザインすることだ。そのためには、公正な人事評価システムの整備や、優秀な人間をどんどん引き上げるメカニズムが重要になる。

ここで挙げた五つの点は、実はアジアの新興国だけでなく、日本を含めたどんな場合においても成長していくうえで必要な、普遍的な「成長の法則」いわばビジネスの「王道」だ。ただ、そうした基本的な法則を徹底することこそが、実は試されているのだろう。特に嵐の海でこそ、こうした基本的な法則に基づいた状況の判断や操舵術が試される。そうした基本を徹底することで、リスクを回避し、いやむしろリスクを味方に付け、嵐が明けた先には他社のたどりつけない未開の地にたどりつくことができるのだ。

第二章

「日本の常識」は「世界の非常識」?
―リスクの荒海を漕ぎ切るためのヒント

PwCアドバイザリー
福谷　尚久

本書は執筆者各位の豊富な知見と経験をよりどころとして、ビジネス・リスクを状況や社会動態に応じてマネージしていくことに力点が置かれている。このアプローチは間違いなく、眼前の危機から身を守る手段として最適な解を導いてくれる。ただし突き詰めるところ、本来は危機的状況を招く以前に、〝リスクの芽を摘んでおく〟ことが最も賢い対策であることもまた、論をまたない。では常日頃どのような心構えで臨むことが必要となるのか。

筆者は、過去20数年間にわたって日本企業のM&Aアドバイザー（FA）を務めてきたが、実際に携わった数々の案件の中でも、文化背景や社会構造の異なる海外企業が相手となるクロスボーダー取引は、常に驚きと発見に満ちていた。言い換えればこれは、「当たり前」のことが、実はそうではなかったことを知る体験と学習の繰り返しとも言えるだろう。

M&A取引とは詰まるところ「常識を問う」戦いであり、売り手、買い手双方が自らの主張を正当化して、いかに相手方を納得させるかで、享受できるベネフィットが大きく異なることになる。したがって合併や買収などの会社の生命線にかかわる交渉では、各々が信じる「常識」が俎上に載せられて徹底的に議論される。過去多くの場面で目にしたのは、こうした場において日本人が、「自分達の考える常識」イコール「世界の常識」という考えに陥ってしまうことだった。その結果、冷徹な分析や次善策の準備を欠き、対応が後手に回って不利な状況を招いてしまうのだ。

もちろん200を数える世界中の国家や、数多ある民族すべての「常識」を把握するのは至難の業だが、以下本章では、日本人の「常識」が覆されるような数々のエピソードを通じて、筆者が体験的に知得した思考を共有して頂こうと考えた。「転ばぬ先の杖」として、読者諸氏がリスクに備える一助となれば幸いである。本書はアジアのビジネス・リスクをモチーフとしているが、あえてアジア以外の地域を含めた情報を盛り込んであることをご容赦頂きたい。

I. 様々に異なる〝ハーモニー〟

1. アジア〜不正と不実との境目

アジアに対するイメージとはどのようなものだろうか。純朴、純粋、どこか昔の日本に通じる懐かしさ…などを指摘するむきもあるだろう。もちろんそれらもアジアの人々の誠実な生きざまを捉えた一面であり、彼らと信頼を第一とする交友関係を結ぶのは難しいことではない。一方でアジアの人々は日本人以上に交渉巧者であり、誠実ではあるものの、こと金銭の絡むことがらでは、これは果たして許されることなのか…?と自分の常識観念を強く揺さぶられる場面に幾度も出くわしている。

Episode 1 ノブレス・オブリージュの悪用?

過去筆者がシンガポールに駐在していた頃の話だが、当時インドネシアで数千億円規模の負債を抱えて破綻した企業があった。すでに同社のコントロールはインドネシア政府に委ねられており、リストラに絡むM&Aのアドバイザー業務獲得を企図して投資銀行がしのぎを削っていた。筆者も早速所管省庁の大臣あてにプレゼンを実施したが、その帰り際に大臣本人から「あ、ちょっと」と1枚の紙を手渡された。「名目は紹介料でもコンサルでも何でもいいから」と付言されて受け取ったその紙には、大臣個人の銀行口座番号に関する情報が記載されていた。まずはこちらから〝上納金〟を納めて初めて次の段階に進めることを後日知ったときには、さすがに驚いた。（念のため、言うまでもなく案件獲得は断念した）

Episode 2　牙をむくサイレントシェアホルダー

アジアの国々では自国産業の保護のために、業種によっては外国（企業）からの投資を一定の割合に抑える政策を採っていることが多い。殊に6割の人口を占めるマレー人を雇用面や経済的な扱いで優遇する、マレーシアのブミプトラ政策は有名だ。日本のリース会社が破綻し、その子会社であったマレーシアの現地法人を売却する案件を担当した際、規制上マジョリティーの株式を現地の財界の有力者にバックファイナンスをして保有してもらっていたが、返還交渉に向かうと「この株は私のものだ」と開き直られてしまった。（結局は想定していた買い取り価格を大幅に引き上げたことで決着した[1]）

Episode 3　透明性の高い取引は堂々と…？

一般的には取引や市場の透明性が高いと言われるシンガポール。これも筆者の駐在中に直接経験したことだが、同国では上場準備中の会社の株式を、親族や知人に事前に譲渡するような慣行があった。これはまさに、日本のインサイダー取引規制の端緒となったリクルート事件[2]と同じ構図である。上場審査を担当する現地のコンプライアンスオフィサーはシンガポール通貨監督庁出身だったが、恐る恐るこんなことして大丈夫なのか?と質したところ、「何で?お世話になった方々にお礼する(儲けさせる)のは当たり前じゃないの」と軽くいなされてしまった。

以上、アジアにおけるいくつかの「常識」を垣間見たが、振り返ってみるとかつての日本でも同様なことは少なからず横行していたように思う。日本企業が海外の先進的なプラクティスにならって内部統制を強め、コンプライアンス重視に舵を切ったのはつい最近のことであり、しかもお手本となった米国のSOX法[3]は、企業側の過剰な負担感から徐々に緩和されている。こうした事実からも現行の日本の「常識」は、必ずしも唯一無二のものであるとは言い難い。不正と不実との境目を十分に見極め、(塀のあちら側に落ちないように気を付けながら)対処していく柔軟さも時には必要ではないだろうか。

2．欧州～歴史意識とプライド

日本で海外事情を語るときには、〝欧米〟という一括りの名称を使うことが多い。日本人にとっては金髪碧眼（死語かもしれないが…）のイメージからの連想と推察されるが、ダイバーシティが社会の活力となっている米国の実態は、すでにこのイメージから程遠い。また欧州においても、サッカーナショナルチームの代表でさえさまざまな人種の選手が珍しくなくなっており、欧・米ともに多様化が進んでいる。とはいえ、欧州と米国の間には歴史的なつながり以上に明確な溝が存在する。

たとえば、何らかの機会を通じて知り合った欧州の人と、もう一段親しくなりたいときによく使う手がある。それは（もちろん慎むべきことであるが）一緒に「米国（人）を揶揄する（けなす）こと」である。人種・容姿・宗教・性的指向など、〝地雷を踏みかねない〟話題は避けて通るのが無難だが、米国（人）の話題に踏み込むと堰を切ったように先方から出るわ出るわ、「近視眼的だ」「歴史（観）がない」「教養がない」「幼稚だ」「カネの亡者だ」などなど。また現在なかなかそういう場面は見られなくなったが、以前は英語で語りかけると露骨に不快そうな顔をする西洋人がいた。おそらく大陸欧州の人だったのではないかと思う。

このように欧州と米国を並べて論ずる際には、十分な注意を払うべきだ。日ごろ慎み深い欧州人の内に秘めた米国に対する複雑な感情や、シリアからの難民問題で火がついたように、他民族に対する独特の視線にも要注意だ。

Episode 4 「この次は、イタリア抜きで!」

これは、かつてドイツでシーメンスと肩を並べる大企業だったマンネスマン社[4]のボードメンバーが、宴席で酩酊しながら発した言葉である。要するに「第2次世界大戦は、イタリア人を枢軸国側に入れず、われわれと日本人だけで戦えば米英に負けるはずはなかった!」という意味である。私事で恐縮だが、ご本人にはビジネススクールの推薦状を書いて頂くなど、相当親しい間柄であったが、ご機嫌な気持ちでつい口が滑ってしまったのではないかとひやひやした。だがそれは杞憂で、周囲の役員陣も「そうだそうだ」と唱和するありさま。これをたしなめるような雰囲気は一切なく、この話題でかえってその場が活気づいてしまったことには驚きを隠せなかった。

Episode 5 「米国人は効率性のみ追いかける」

英国人と米国人の関係も、他の欧州諸国以上に微妙なものがある。母国語でない日本人にとっても、そもそも英語と米語で使う単語や表現上の細かいニュアンスの違いには悩まされるが、過去何度も英国人と米国人がそれぞれ相手方の使う米（英）語を「半分もわからない」と言い合っている場面に遭遇した。中でも英国人の見下すような〝米語叩き〟は、時折そばで聞いていることがいたたまれなくなるほどだ。さて冒頭の言葉は、アジアの主要都市にネットワークを持つ規模にまで育て上げた自分のコンサル会社を、米国上場企業に売却した英国人のコメントである。売却後もしばらくは売却した会社の経営トップとして従事していたが、本人に言わせれば「品のない」（効率性のみを追いかけた）管理手法で攻めたてられたので、「誇りを失う前に」辞任したのであった。

Episode 6　「トルコに行ったら友情は終わりだ」

まだユーゴスラビアという国が存在していた頃に、セルビア人の友人に言われた言葉である。ソビエト連邦の衛星国といわれていた当時の東ヨーロッパの国々が、一様にソ連を嫌い、その頸木《くびき》から脱したいと考えているわけではなかったことを思い知らされた。この友人によれば、バルカン半島へのソ連の介入と干渉は高々この数十年のことだが、トルコという国には何百年もの間、国土も民族も痛めつけられてきた。仲の良いお前があのトルコの地を踏むことだけは耐え難い。もしこの忠告を聞かないなら、俺たちの友情は終わりだ…という意味が込められている。民族感情の複雑さを身をもって知った瞬間だった。

思うに、欧州諸国は日本と同様、千年単位の歴史に裏付けられた文化と伝統を有しており、国家・民族としてのプライドも高い。米国との関係性の中では、政治的・経済的な影響力に寄り添わざるを得ないものの、内心忸怩たる思いで200年の歴史しかない〝新興国〟を見つめている。またそれ以上に様々な帝国、王朝、民族国家の勃興と衰退を繰り返して現在に至っている欧州人の〝誇り〟には、敬意と留意が必要だ。我々日本人も、しっかりとした歴史観をもちながら欧州の人々と付き合っていくべきだろう。

3．米国〜〝カネ〟という尺度

世界をリードする国として意外に思われるかもしれないが、『米国人は非常に内向き志向である』ことをご存じだろうか。日本人にもなじみ深い西海岸や東海岸、また寿司に舌鼓を打つ日本びいきの米国人は〝米国なるもの〟のごく一部で、典型的な米国と米国人を日本人はなかなか理解できない。

Episode 7 典型的なアメリカ人

米国中西部のオハイオ州。中西部といっても図中の網掛け部分が示すように随分と東海岸に近く、実は過去44人の米国大統領のうち8人と最多の人材を輩出している名門州だ。このオハイオ州の州都コロンバスで、最大手の銀行に両替に行った時のこと。一万円札を提示すると窓口の行員はもの珍しそうにいじり回していたが、まず発された質問が「この円（Ｙｅｎ）とは日本の通貨か？」であった。同州では、距離的にはとても近いニューヨーク州にさえ「行ったことがない」というお年寄りは多かったし、それどころか全土で他の州（国ではない）に行ったことがない、という人々にも数多く出会った。

このような事態を招いた背景はどこにあるのか。米国に赴任していた時に、子供たちを地元の学校に通わせた経験から感じることとして、自主性を尊重するという名目のもと、義務教育でも必修科目が少なく（＝興味ないことは知らなくても構わない）、勢い他の国や他人の目よりも「自分（＝自国）がどうしたいか」が最大の関心事となり、「周囲（ひいては国外）への無関心」や「内向き」につながっていく。本年の大統領選で、過激発言で物議を醸しながらもドナルド・トランプ氏が共和党候補となった素地はここにある。

個の重視と多民族の集合体という属性から、マスレベルの米国では統一的な価値というべきものが形成しにくい。そこで成功の尺度としては単純な「大きく」「強く」「目立つ」ことが重視され、その象徴となるのが「おカネ」の多寡である。様々な民族や価値観の興

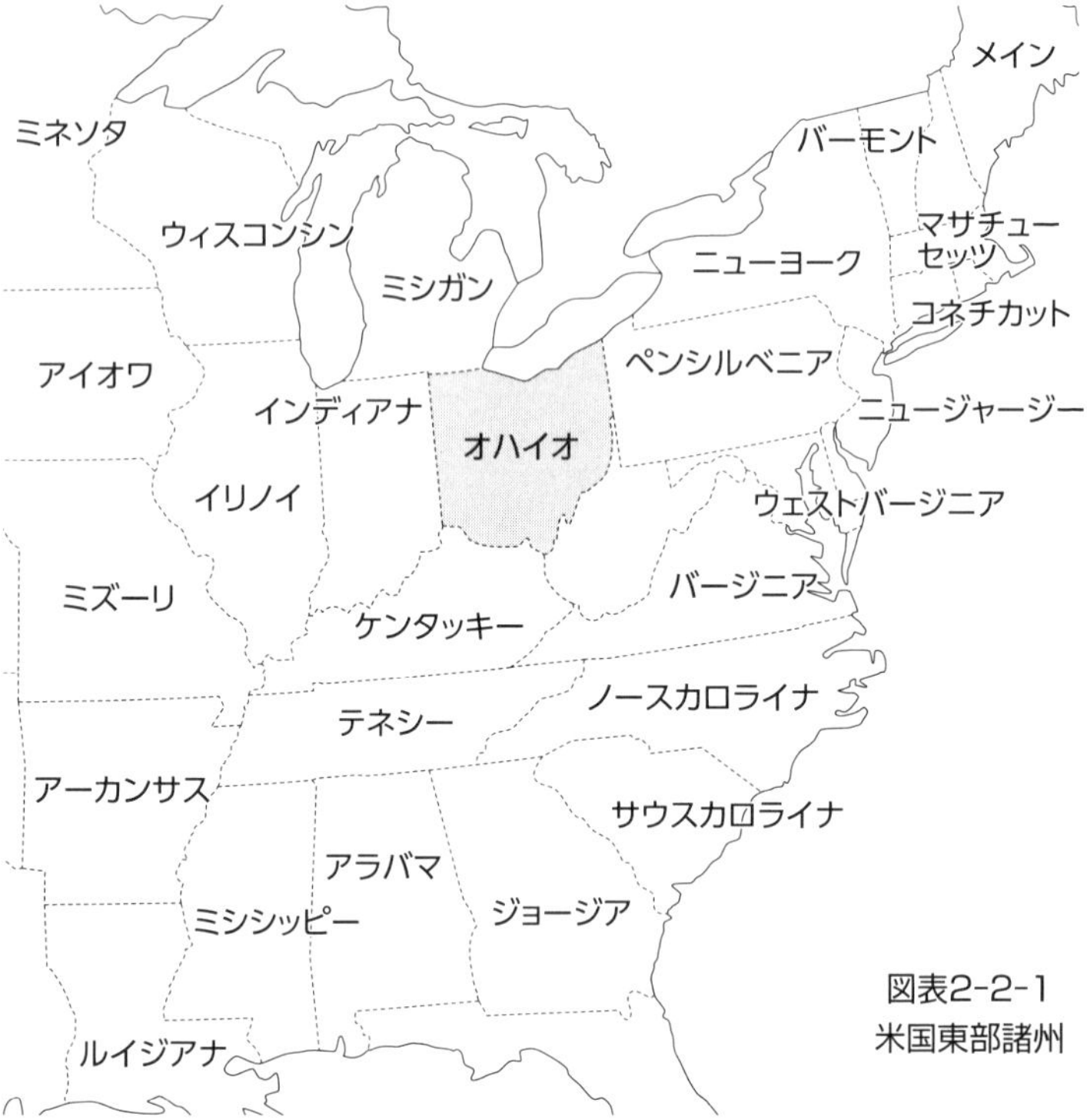

図表2-2-1
米国東部諸州

亡を経ながら現在に至っている他国とは異なり、（開拓者がいうところの）未開の地を征服しながら直線的にフロンティアを広げてきた国の成り立ちから、歴史認識や時間の観念も当然短期志向である。金銭的成功者のおカネの使いみちも画一的で、ほぼ「人並み以上の消費行動」と「慈善活動」と相場が決まっている。

米国はいまだ「若い国」だと再認識し、「成功」の定義が多様化されるにはもうしばし時間がかかる、と割り切って考えれば、付き合い方の理解も深まるだろう。

Ⅱ.「世界の常識」に対処するための実践編

前段では彼我の常識と認識の違いを実例からみてきたが、本項では主に海外を相手とするM&A業務を通じての、リスクへの対処法や心構えについて論じることにしよう。

1. リスクの捉え方、扱い方

●リスクを数値化する

これまで多くのM&A取引に関与してきたが、こと買い手サイドに特徴的なこととして、

・デューデリジェンス（DD：買収精査）によってリスクを完全に洗い出すこと
・さらにそのリスクへの十分な対策を立てて、リスクのない状態に持っていくこと

といった指示に悩む現場を数多く見てきた。

買収後に慌てることのないように、DDにおける検出事項に対する手当てや改善措置

は、M&A交渉を進めていく判断に大きな影響を与える。ただしそうした場合にも、物事を最終的に「リスクのない状態」に持っていくことができない事実を理解しておくべきである。〝100%クリーンな会社〟などあるはずもなく、売却側に事前に〝きれいな状態〟にすることを条件として突きつけて、しかる後に買収する、という希望も絵空事に過ぎない。

特にアジアの国々においては上場企業であったとしても、まだまだ会社を自分の財布と考えるオーナーが多いのが現実である。最後には「買収を取りやめる」という究極のリスク回避の選択肢があることを意識しつつ、可能な限りリスクオフの状態に近づける努力は惜しまない。そのうえで、想定していた理想的な状態に対して60%で良しとするか、それとも40%のレベルまで我慢して受け入れるのか。このように考えることがリスクを扱ううえで最も大事な点である。さらに一つの考え方として、以下も許容度の物差しとなるだろう。

- 買収後に発生する可能性のあるリスクは、おカネで解決できることかどうか
- おカネで解決できる場合にも、限度額の目途を算定することが可能かどうか

M&Aを実施した結果、自社の評判や本業に悪影響を及ぼすことになると元も子もない。M&Aに関わる損害を填補する保険や、相手方の資力と信用度に応じた表明保証に

よって、リカバーできる金額のあたりをつける。そして最悪の場合にも、リスクはおカネで換算した場合にどの程度になるかを予測する。そうすればM&Aの諾否やメリット／デメリットの検討が可能になるだろう。要は「リスクを数値化して判断する」ことが肝心なのである。

●必ずアラウアンス（Allowance）を残す

アラウアンスとは〝のりしろ〟（糊代）、つまり万事において融通を利かせる柔軟性と余地を残しておくことを指す。図示した通りM&Aは、初期的な検討から本格的なデューデリジェンスの実施、それを受けて様々な交渉を行い契約調印、そしてクロージングに向かう長期間のプロセスを経ることになるが、それぞれの段階において「ヒト・モノ・カネ・時間」ののりしろを十分に確保しておくことが帰趨を決めると言っても過言ではない。

「ヒト」（＝交渉当事者、買収先への派遣人員等）や「モノ」（＝外部や社内のリソース）や「カネ」（＝予算・費用）については自明なことと思われるが、特に日本企業にとってアキレス腱となるのは「時間」の部分だ。予定を決めればそれをできるだけ厳守しようとする日本人の（美しき）性質を逆手に取るように、予定を守らないことを交渉戦略の一つと位置づける動きさえ見られる。海外の人々から見ると日本人の勤勉さは、例えば大災害

図表2-2-2　一般的なM&Aのスケジュール例

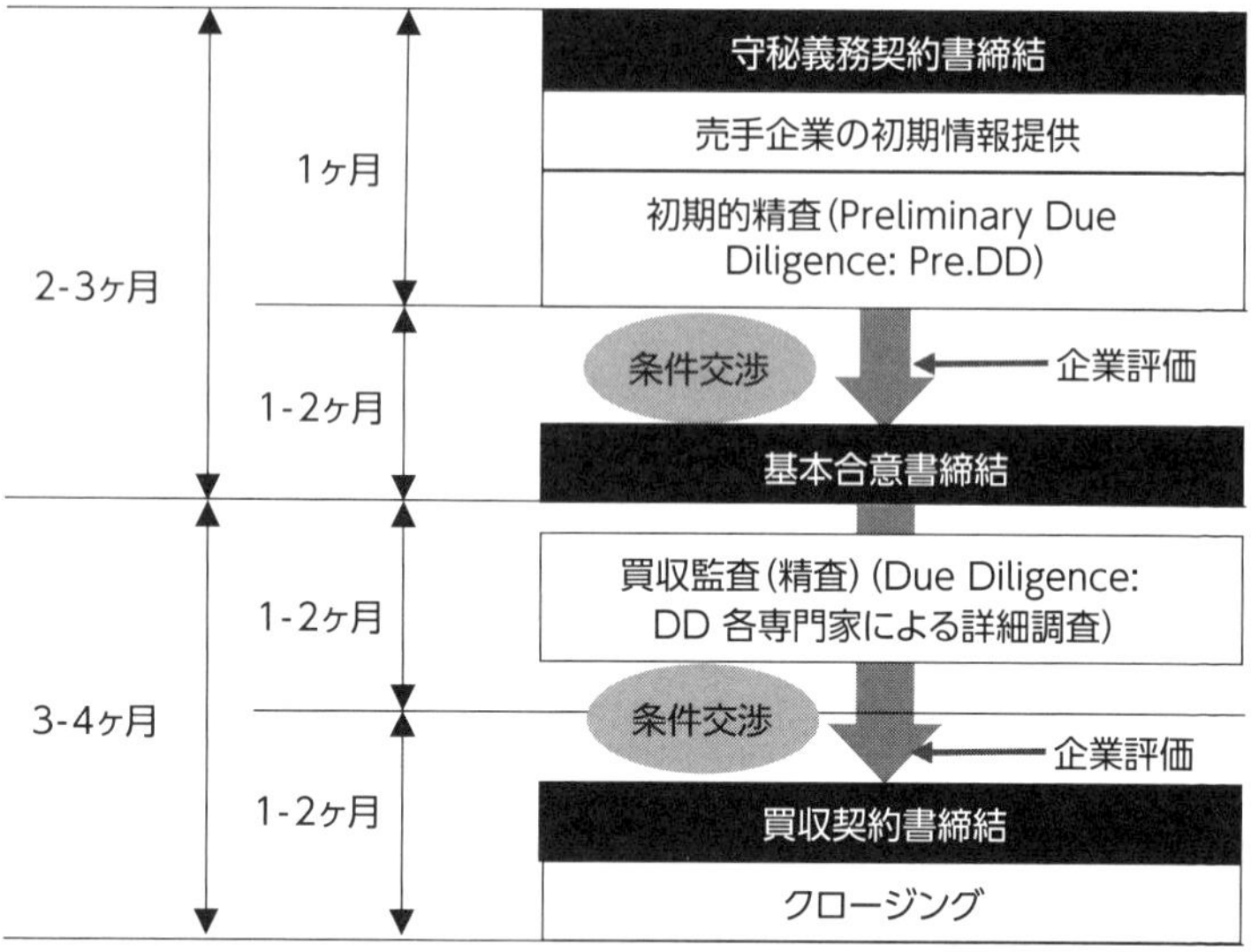

(筆者作成)

の際にも行儀よく列を作って救援物資の支給を受けるなど、賞賛される一方で、誤解を恐れずに言えば〝手玉に取りやすい〟性癖と思われている。治安の悪い国で通勤ルートを固定化させて誘拐される、というのはその典型例だ。更に相手国で交渉する場合に、事前に交渉日程をギチギチに設定したうえ、帰国日時まで相手方に通知したりするので、足元を見られてしまう。つまり相手に帰国ぎりぎりまで粘られ、「何の成果も上げずに帰国できない」というこちら側の心理を見透かされ、不本意な条件をのまされる、というパターンである。

交渉過程のみならず、条件が整っていざ契約、という段階になってさえ、落とし穴は待ち構えており気は抜けない。契約書の署名者である社長や役員は通常多忙を極めており、出張日程はハードスケジュールとなるが、契約締結の直前に相手方から「○○については条件を変更したい。応諾しなければサインしない」と迫られるのだ。調印後に予定している記者会見や四半期報告、その他契約締結を前提としたもろもろの行事を変更する煩わしさが頭をかすめ…ついつい先方の申し出をやむなく受け入れてしまう…ことが起こらないように、海外取引においてはむしろ予定通りに物事が進まないことを前提とし、調印の延期や交渉の決裂も辞さない態度で臨むよう、あらかじめ覚悟し準備しておくべきだろう。不合理と思われる相手のやり方には、断固たる姿勢で対処することを徹底していけば、日本人は勤勉さ以外にも、長い目で見れば世界の尊敬を勝ち得ること請け合いである。

2．賢いコスト認識

●「保険」としてのコスト

M&Aを進めていく際に、できるだけコストを抑えるという考えは理解できるが、必要なことにコストをかけずに後々問題が噴出する事態は何としても避けなければならない。

そのためには、リスクが高い分だけ必要経費はかかるという認識を持つことが重要だ。

コストを抑制する方策として、M&A経験のある社内人材や、外部から社内に専門家を取り込んで案件を切り盛りするのは一つの潮流である。理想的にはすべてインハウスで対処できればよいが、ここにも実は大きな落とし穴が存在する。もちろん、現地の〝訳知り〟フィクサーや自称コンサルタントを頼って散財する悲劇は、本書並びにシリーズ前回の書籍の中でも多くの方々が繰り返し注意喚起を促しており、そのようなことをお勧めしているわけではない。ここでいう必要経費とは、交渉・法務・税務・財務等々の専門家起用に関する〝合理的な〟費用とお考えいただければよい。これは安心を買う「保険」としての意味合いもある。もう一歩進めて考えると、M&Aとはいわば〝生もの〟であり、個々の案件への対応手法は、完了したとたんにいわば〝賞味期限切れ〟になってしまうのが常である。税務ストラクチャーや他国も含めた法律改正の実情など、刻々と変化する世界の動きにリアルタイムで対応するためには、自社内のチームのみで取り組むにはあまりに荷が重いのではないだろうか。

●「安物買いの銭失い」に陥らないために

一方で専門家を起用する場合にも、「前例にならった」「固定的な」「自社のやり方」にこだわらないことが肝要だ。具体的なケースとして、M&Aを何件かこなしてきたクライアントに見られる傾向だが、海外買収案件において、コストを削減する目的で現地の法律事務所しか使わない、という方針を持つ企業の存在がある。確かにローカルの専門家は現地事情に精通しているうえ、日本の事務所を巻き込むと余計なコストがかかるという見方もできる。ただし往々にして請求額をチェックできる機能がなく、コストコントロールを日本から行う、すなわちまず日本の事務所を雇い、そこを通じてローカル事務所のコスト管理も任せてしまうほうが、場合によってはかなり安上がりになることもあるのだ。

状況に応じて柔軟に対応すること、またあまり前例踏襲的なやり方にこだわらないことが、特にアジアでのビジネス展開には欠かせない知恵と心得るべきである。

3. 現地の使い方、接し方

●現地（ローカル）社員

日本企業の一般的な傾向として、社員に対するいわば絶対的ともいえる信頼感があることが指摘できよう。最近は技術情報の流出も話題となっているが、まだまだ〝身内〟意識の感覚は残っているのではないか。日本への留学経験者も増えた昨今、現地採用で日本語を流暢に話せ、即戦力の人材として活躍しているローカル社員も多いが、あえて注意喚起を促しておきたい。

アジアの特徴の一つに、コンプライアンス意識がそれほど高くないことが挙げられる。欧米の場合には、自社の役職員が相手方と何らかの形で内通をしていたような場合、事実が発覚した際に様々なパニッシュメント(訴えられるなどの罰)を課されることへの恐怖が自制心を支えている。ところがアジアにおける過去のM&A案件では「もしや?」と思われるような状況が散見された。具体的には、英語が交渉言語となり得ず、相手方と現地語で交渉するようなケースで、案件の成否や条件交渉に大きな影響を及ぼすことになる。アジアにおいては社員の引き抜きは珍しいことではないが、気付いたら信頼していた社員が交渉相手に在籍していた…という経験をされた方も少なくないのではないか。こうしたことへの対策になかなか妙案はないが、現地パートナー先の子女であるとか、永年勤続に加えて様々な見地から会社への忠誠心に疑いのない人材であるなど以外には、自社ローカル役職員の言動には細心の注意を払っておくに越したことはない。

●繰り返す、繰り返す、繰り返す

業務上のみならず、生活者としてアジアで暮らしたことのある方にとっても同様だが、日常最も頭を悩ますのは、「一回指示しただけでは、ほぼ100%物事が進まない」とい

図表2-2-3　指示命令に伴う責任の所在

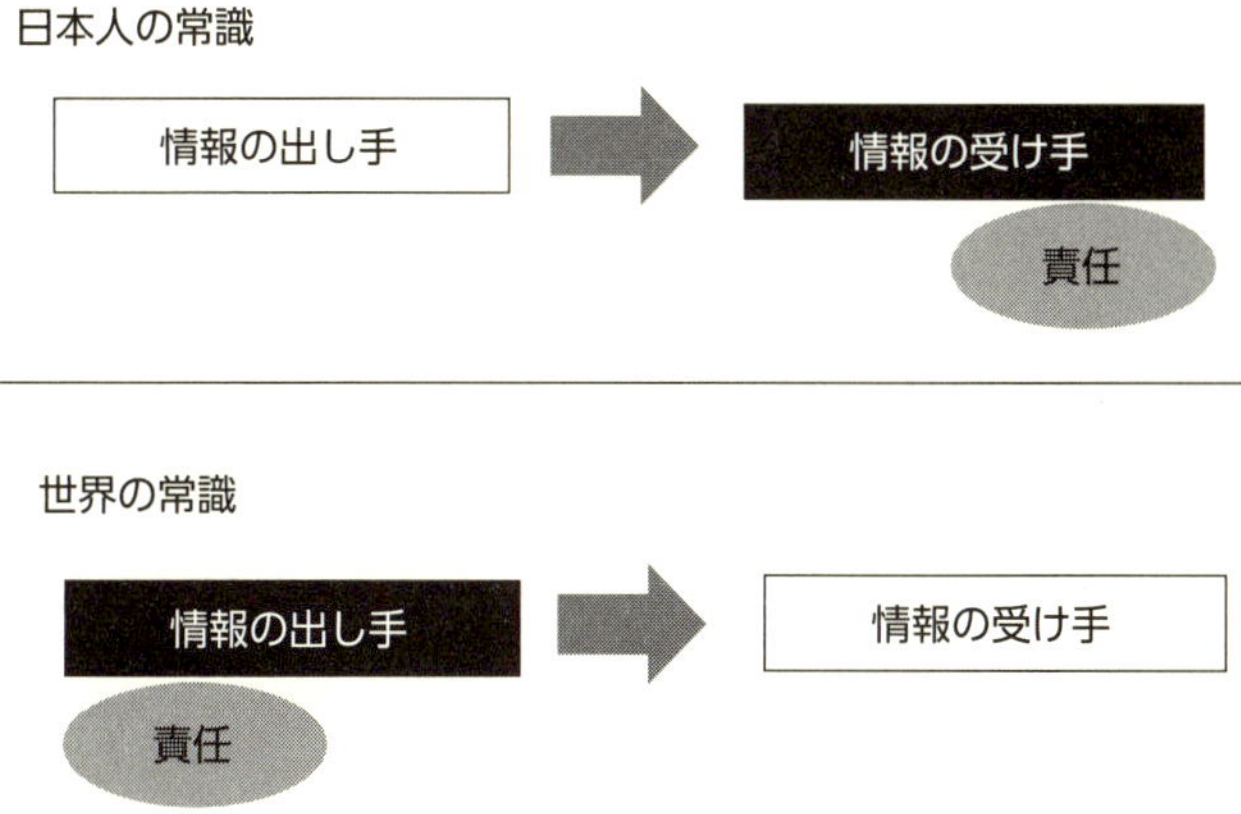

（筆者作成）

う事実だろう。前述の日本人の勤勉さという点にも関わることだが、指示命令系統において日本人の思考は、「言葉を発した／指示した」時点から、指示された側にその責任が移行する。すなわち作業が滞ったような場合、指示された側が叱責されるわけである。これに対してアジア（というより、ほぼ世界どこでも、といっても言い過ぎではないが）では、責任は最後まで指示した側について回る。一度言っただけでは絶対にダメで、何度も指示を繰り返さなければ相手は重要度が低いものとして、指示したコトを隅に追いやってしまう。例えばインドで半日～1日で終わりそうな企業評価のタスクを、ゆとりを見て1週間前に指示しておいたところ、手も付けていないことが期日にわかった。問いただしたところ「一回しか言われなかったので、大事な仕事ではないと思って何もしなかった」…との返答だった。

またアポイントメントについても、少なくとも前日には再確認しないと「流れたもの」と扱われてしまう。シンガポールの最大手銀行から要請があって、1か月前にアポが入って（＝こちらが依頼された／指示された側）当日訪問したところ、相手の驚愕した顔と次のコメント「来ていただいてありがとう！　もちろん自分では予定していたが、つい多忙で確認の連絡を怠ってしまっていて、お見えになるとは思わなかった。日本人は素晴らしい（?）」。また同国のレストランで予約をした際に、日本の携帯電話番号を伝えてしまったため、先方から何回か確認の電話をしたそうだがかからず、当日赴いたところ予約が取り消されていた…。

釈然としないところはあるが、無用なトラブルを避けるためにも、日本人にはないこうした発想と事態には、慣れておく必要があるだろう。

図表2-2-4　日本人の常識と現実的な認識

疑ったほうがよい認識	より現実的な認識
日本人の常識は世界の常識	常識とは相対的なものである
リスクはすべて把握できる	把握できないリスクの許容度を考える
対策を立てればリスクを防げる	リスクは防げないがミニマイズできる
決めておいたリスク対策を墨守する	リスク対策は機動的に変更する
コストはなるべく安く抑える	必要不可欠なコストはケチらない
社員を盲目的に信頼する	社員教育（秘密情報の扱い）の徹底
一度指示すれば物事は進む	何度も繰り返さないと物事は進まない
話せばわかりあえる	話しても通じない（ことがむしろ多い）

Ⅲ．まとめ

話題はかなり多岐にわたってしまったが、日本人の「常識」のみを引っ提げて世界に立ち向かっていくのがあまりに危険なことは、ご理解頂けたのではないか。最大のリスク回避の方策とは、けだし思い込みを排除し、より柔軟に物事を捉えることに尽きる。まとめると、図2-2-4のような心構えが必要となるだろう。

他方、我々の「常識」をあきらめる必要もない。本稿の冒頭にも述べた通り、世界を相手にすることは、すなわちお互いの常識を問い合うことである。いかに自らの常識を相手に納得させるか、ひいては世界のルール（デファクト、とも言い換えられる）に対してどのように自らの常識を反映させていくのか。この点を常に意識しながらことに当たっていけば、対応を大きく間違えることはないだろう。では自らの常識を主張していくためにはどうすればよいのか?本稿の趣旨からはやや逸脱するが、M&Aの現場で感じたことをまとめると次のようになる。

■考えること
■決断すること
■決断を先延ばしにしないこと
■責任を曖昧にしないこと
■結果責任を問うことではなく、結果についての評価をしっかり行うこと(→十分に吟味したうえで責任が問われることを排除しているわけではない)

本稿が少しでも、読者諸氏の援けとなることを願ってやまない。

1 そもそも一種の名義貸しだったため、日本側にまったく非がないと言い切れないのが弱みだったが、先方もそれを承知の上での取引だった。
2 リクルート事件:1980年代後半に、当時リクルート社の関連会社だったリクルートコスモス社の未公開株が、上場前に政財官界の多数の有力者に譲渡され、贈収賄で多くの逮捕者が出た企業犯罪事件。
3 米国のSarbanes-Oxley Act(サーベンス・オクスレー法)の略称。米国において会計不祥事が頻発したため制定された、企業に財務情報の透明性と正確性の確保を求める内部統制強化のための法律。
4 マンネスマン(Mannesmann AG):1890年に創設された鋼管・機械製造コングロマリット。2000年のボーダフォンによる30兆円に及ぶ敵対的買収により、実質的にグループは解体された。

第三章
対談「アジアM&Aリスクの現実」

アジア、およびアセアン諸国への企業進出を考える際に、日本企業からの投資をどのように行うか、世界を股にかけ、とくにアジアでのM&Aアドバイザーとしても著名な福谷氏と杉田氏にその心構えと実際のリスクの考え方について伺った。

アジアに潜む「カントリーリスク」「政策リスク」「個別に関与するリスク」

福谷　アジアの（投資）リスクをマクロにとらえた場合、大きく「カントリーリスク」「政策リスク」「個別の関与リスク」の三つが挙げられる。まずは（アジアの中の）その国が現在世界の中でどのようなポジションになっているかという「カントリーリスク」。日本人はイデオロギーなどのわかりやすい尺度で特定の国の傾向を判断しがちなところがある。社会主義だから自国民に対して強圧的に接するとか、民主主義だから安心だとか、単なる思い込みで判断すると危ない。世界情勢の中で政治的、歴史的にその国がどのような位置づけにあるか、きちんと捉えなければいけない。アセアン諸国での共通関税導入を契

福谷尚久氏は、二十数年間M＆A業務に携わり、これまで大きな破綻、三角合併、ターンアラウンド、業界再編、日米欧アをつなぐ買収の案件など、多くのM＆Aのアドバイザーをされてきた。大手銀行、証券会社を経てGCAサヴィアン、そして2015年7月からPwCアドバイザリーに勤務。

機とした拠点集約がもたらす各国への影響、フィリピンと中国との間の南沙諸島をめぐる軋轢、日本寄りだったミャンマーの中国主導ビジネスの動向などなど。政治的な背景に加え、それぞれの国の個別事情も非常に重要だ。次に「政策リスク」。（日本と同じような）制度があったとしても、その国の政策によってその制度の意味は異なる。たとえば投資優遇制度はその代表格で、中国などでは外資優遇制度によって生産拠点を作らせておいてから、突然優遇措置を取り消す、または実質骨抜きにしたりする。一般に税務はその国の政治と密接な関係があり、本当の

杉田浩一氏は、外資系投資銀行でキャリアを積み、M&Aバンカーとして約15年間の経験を経て現在では株式会社アジア戦略アドバイザリーを創業。東南アジアを中心とした新興国企業をターゲットに、M&Aや進出戦略立案などのアドバイスを行っている。

ところその税法がどのような意味を持つのか、政策上の意図を十分斟酌できる税務アドバイザーが必要となる。三つ目の「個別の関与リスク」は「関与することによって生じる、(カントリーリスクや政策リスクよりも）より人的な側面に依存するリスク」。たとえば、裁判の結論が法律ではなく「誰が」裁くかに依拠するとか、裁判の結果では勝っても強制権がなくて回収ができないとか、有力者だと思って親密な付き合いをしていたら失脚してしまって、それまでに築き上げた関係が無駄になり、さらにそれ以上にその関係によって危険にさらされるといったもの。中国では、「打黒」などの政策で重慶を中心に権力を握っていた薄熙来氏のような例もある。〝個〟にのみ依存しているとそれに関与するリスクは大きい。

杉田　そういった大きなマクロ的リスクに対しては、しっかりと調べていけば、本来は対処できる部分もある。ただし、残念ながら、各国に対する思い込みで自分の方向性を決めて、後付けでその理屈を積み上げている企業も多い。そのためには、進出の段階で、客観的に情報を分析する習慣が必要だ。その際には、日本で当たり前の制度や情報が、アジアで同様に存在すると思っているとトラブルになる。本来、制度や情報の制度等について、世界の中で日本がスタンダードであるわけでもない。日本と違うリスクがあるとの心構えを持ち、その上でそうしたリスクに対する分析と判断を行った上でM&Aなどのビジネスを決断していく必要がある。

福谷　デューデリジェンスという観点からは、現地の非上場の会社では二重帳簿、三重帳簿が当たり前とよく言われる。たとえば不動産。工場を買収するというような大きな案件の場合でも、その土地の権利者そのものが不鮮明になっている場合もあり、また二重登記があり、買収する相手の登記が別の名義になっているといったケースもある。登記制度がしっかりしていないので本当の権利者がわからない。アジアではまだまだこういう国が大多数であることを留意すべき。これについては最近では、M&A保険や表明保証である程度手当てできるようになってきているが、まずはリスクの許容度を考察し、顕在化した瑕疵についてはお金で解決する方向に持っていく。どうしようもなければ訴訟にはなるが、できるだけそこに行かないような形で、紛争を未然に防ぐ努力は必要。対象国の弁護士や会計士に対応を〝丸投げ〟するのではなく、ルールに則って何ができるのかを調査していけば、解決策も見出しうる。例えばM&Aとは直接関係ないが、日本国内でも間口が狭くて建設基準法で建て替えはできない不動産物件でも、躯体を残してリフォームすれば建て替えと同様の効果を得られる場合もある。だからこそデューデリジェンスの中でどこまでリスクを明らかにできるのか、そしてそのリスクを数値化してリスク要因を分析し、法的な裏付けを調べつくすことは非常に重要である。M&Aにおいても、買収した会社を漫然と未来永劫自社内に留め置くものと考えず、投資の基本に戻って「買収資金を何年かけて回収できるか」を発想の原点とすれば、リスクを許容できることもあるだろう。

本当の実力者とのネットワークが交渉をうまく運ぶコツ

杉田　よく「相互理解」が必要というが、重要なのは（M&Aなどによって）何がしたいのか、何をすべきなのかまでさかのぼって、きちんとこちら側の本当に意図を説明することだ。たとえばデューデリジェンスにおいても、（その情報を出す利益を）相手に理解してもらったうえで、必要な情報を引き出すことと、そのための準備を現地企業側にしっかりとさせることだ。現地の売り手側アドバイザーがしっかりしていない場合には、我々が買い手側である日本企業のアドバイザーであるにもかかわらず、現地の売り手側の情報開示の準備を結果的にサポートしないといけなくなる局面もある。そうすると、相手側のアジアの企業が、本来買い手側のM&Aアドバイザーである我々に頼ってしまい、その結果、まるで双方代理を行っている仲介者のように見られてしまう危険がある。我々は、基本的に買い手側もしくは売り手側の、どちらか一方のサポートを行うアドバイザーであって、双方代理を行う仲介者ではない。したがって、特に売り手側のテコ入れが必要になる際には、我々もしっかりと線引きして、仲介者のようにみられないように気をつけなければいけない。

福谷　そのような事態は、アジアやアセアンに限らず起こることである。実は、オランダやドイツの案件でも、似たようなことがあった。膝詰めで相手方と交渉しているうちに気脈が通じてしまうようなケースだ。それでも欧米の場合は、利益相反関係についての意識が高いので、一つの案件が終わってから別の案件でアドバイザー就任を依頼されるような話。アジアはそこが違って、案件の進行中にこっちを取り込もうとすることさえある。現地の金融機関が平気で双方（セルサイドとバイサイド）代理しようとする例もある。ただ確かに日本でも、90年代中ごろまではしっかりしたアドバイザーが双方の仲介を行うようなプラクティスもあったが、今では過去の話。M&Aのアドバイスは不動産の仲介とは違う。

杉田　アジアでは、相手の会社のM&Aの部署だけと話しているのと、創業者ファミリーレベルの本当の実力者にアプローチするのでは、結果が全く違う。アジアの企業は、かなり大きな上場企業でも、そのビジネス判断をオーナーが主に行っているケースが多い。従って、M&A部門のみと話をしていても、まるで話が進展しないことも多い。そのため、オーナーであるトップに、どれだけその案件に時間を割いてもらえるか、どれだけ興味を持ってもらえるかが大事になる。

福谷　そうしたトップへのアクセスルートも重要。多くのアジア諸国では、そのトップと対等に話せるような、欧米で教育を受けた華人の第2世代、タイならば王室に通じる人脈ネットワークなどが効いてくる。私的なレベルでの交友関係があると、敷居が低くなり、それでカバーできるところがある。各国・各地域の事情に応じたネットワークに入っていける外部の人物なり組織のコンタクトが必要。私自身の例で言えば、インドの財閥系コングロマリットと業務提携したときに口利きをしてくれたのは、香港のファンドの人だった。華僑や印僑の世界だけではなく、アジアには種々雑多で広大なネットワークのつながりがあり、これに相対していくためには中途半端な取り組みではかえって逆効果で、自分の持つすべてを武器にするぐらいの気構えが要る。ただしここでいう口利きとは、コンサルタントと称する人物が「誰々に話をつなげることができます」といった軽々しいものを指すのではない。日本国内の例でいえば、大企業間の役員同士の信頼関係とか、政財官民や弁護士・会計士など専門家の世界に散見される、クローズドサークルの必ずしも仕事とは関係ない交友関係などがこれにあたるだろう。一方で案件の性質に応じたファイナンシャルアドバイザーの起用も重要で、様々な状況に対応できるプロを用意したいところだ。

杉田　その一方で、アジアではオーナーを中心としたトップレベルのネットワークの中で多くのビジネスが行われていて、特に（M&Aなどの）優良な案件はなかなか外に出にくいということも言える。本当に案件を進めたいのだったら、そうしたトップレベルのネットワークを活用するのが最も効率的かつ早く話が進む。したがって、内部から徐々にトップに話を上げるのではなく、そういったネットワークに直接入っていけるアドバイザーを使う方がよいだろう。

また、案件進行中でも、アジアではいろいろなトラブルや意外な展開がある。きちんとした現地の紹介者が介在して進めた案件ならば、そんなときにも、こうした紹介者を通じて、相手の意図を確認できる。リスクやトラブルの背景を紹介者ルートから確認できれば、落としどころも見えてくる。

このように、こうした現地財閥のトップルートを通じて提携先等を探すと、最も効率よく希望する提携先候補が上がってくるのだが、こうした大財閥ルートだと最も効率的である反面、大きなリスクも存在する。例えば、そうしたルートを使ってわざわざ候補先を紹介してもらったのに、日本の買い手側の方針が途中から急に変わり、その案件をキャンセルすることになったりすると、現地でのマイナスインパクトは甚大になる。従って、日本側もそれなりにしっかりとコミットメントをもって、しっかりと案件を進める覚悟があるときにのみ、そうしたルートを使うことが望ましい。

現地のアドバイザーの力量を過信するな

杉田　現地のアドバイザーの力量という点からみると、まだまだ東南アジアではM&Aがひとつのインフラのプロトコルとして、欧米ほどは整備されていない。シンガポールのように一人あたりのGDPが高い国では、法律もきれいに整備されていて、現地アドバイザーの力量もある程度は想定できる。一方で、マレーシアやタイはまだよいとしても、インドネシア、ベトナムとなるとちょっとその力量は怪しくなってくる。ましてやミャンマーだと、そもそもM&Aは限定的な手段となってくる。アドバイザーの質とか経験とか以前に、法制度や会計制度が整っていないこともその理由だ。とくに会計制度は表面的には整ってきたが、実際はどうかというとかなり疑わしい。また、東南アジアの会社側にも、国によっては事業を切り離すとか、売るとかいうM&Aに関連することへの抵抗感がある。また、そういったことがグループ全体のバリューアップにつながるという認識が足りないことも依然多い。

福谷　その国の一人あたりのGDPと同様に、資本市場や証券市場の発展度合も、その国のM&Aのプラクティスの洗練度や、しっかりとしたアドバイザーの存在の有無に関係する。例えばインドシナ半島でいうと、ミャンマーにようやく証券市場が立ち上がったが、カンボジアやラオスではどのような現状なのかということ。その国に資本市場という十分な水をたたえた池がなければ魚も泳いでいない。魚がいなければ漁師としてのアドバイザーも育たない。

杉田　現地のセルサイドのアドバイザーが、しっかり売り手側企業と契約を結んでいるかどうかがよくわからないケースも多い。売り手側企業が複数のアドバイザーもしくはブローカーのようなところに案件の話をしていて、その中で買い手側を連れてきた人が、その買い手との案件のみに対するセルサイドアドバイザーになるケースがあったりする。そうすると、この売却案件で、別のアドバイザーが別の買い手候補と話を進めているにもかかわらず、我々が対面しているセルサイドアドバイザーが、その事実を売り手側企業から知らされていない場合もある。

さらに言えば、現地の会社がセルサイドのアドバイザーを使うことに慣れていなかったり、フィーをろくに払わないケースもある。セルサイドとして行動していたアドバイザーが、売り手側企業からフィーが取れないため、「買い手側のアドバイザーに加えてくれないだろうか」と言い寄ってくることすらある。それ以外のリスクとして、売り手側の意図をきちんと理解しないまま話を進めようとする現地アドバイザーもいる。中には、セルサイド側から流れてきた情報にかなり本質的な間違いがあったりもする。細かいところには気がつきやすいが、本質的に違っているとなると、まさかそのレベルで間違えることはないと思っているから、逆に気が付きにくい。そうしたリスクを頭に入れながら、こちらは案件を進めていく必要がある。

相手方（アジアの国側）から評価されるほどのコミットも必要

福谷　現地アドバイザーについては、最初にカテゴリー分けしなければいけないと思う。欧米系や現地で有力なセキュリティファームであれば、同じ目線で話せる。これに対して、情報ネタ運びのみのブローカーやフィクサーまがいの個人、あるいは専門性のまったくない知り合い程度が〝形式〟を整えるためにアドバイザーと称して駆り出されているケースがあり、さらには相手側にそもそもアドバイザーがついていないというケースもある。現地の売り手側が安易に、「役所と特殊なコネがある」などと言ってきたときは要注意。〝エセ〟アドバイザーがいるときや、アドバイザーが誰もいないときの対応も大変で、我々買い手側のアドバイザーが売り手側に入っていったうえで、「これこれこういうものが必要になるから、もっと（情報を）出してほしい」ときちんと要求しなければ、話が前に進まない。いわば買い手・売り手両方のアドバイザーの役割をしなくてはならない。欧米企業が相手の場合であれば、企業価値や事業価値を算定する〝モノサシ〟も共通なので、フィーの決め方もほぼ標準化できているが、アジアではこのように時に両サイドの役割を果たさなければならないので、一般に言われるフィーでは合わないことが多い。トランザクションのバリューそのものは欧米の案件に比べて小さいかもしれないが、日本企業側のアドバイザーの負荷はもっと大きい場合があり、そこをクライアントにもご理解いただきながら進めていかなければならない。通常であれば、トランザクションバリューの数%をフィーとして頂戴するところ、場合によっては結果的に10%近くいただいたケースもある。それだけの負荷がかかり、その役割が重いということ。アドバイザー側もクライアント側も、相手方のアドバイザーの有無や専門性を十分に考慮しながら、個々の案件においてふさわしい対価を見極める必要があるだろう。

杉田　両方の役割を果たすと言っても、あくまで相手側に要求する、あるいはその必要性を指導するということ。何がしたいかに遡って、順序立てて相手に話し、情報の提供においても幅を持たせて相手が対応できる柔軟性を含めてアドバイスできればよい。それさえできれば、意外と相手のオーナーは、だったら良いよと承諾することが多い。細かいことだが、そういうことの一つひとつの積み上げが大事。先ほども述べたが、財閥のトップ等の特別なルートを使って案件の紹介を受ける場合等では、その効果も高いがリスクも高い。案件紹介をしてもらったのに、日本側がそもそもの次元で話をひっくり返したりすると、それ以降何も要求を聞いてくれなくなる。したがって、そうした際には案件の進行においてはしっかりとした覚悟が必要になる。むしろそうした覚悟を決めるために、日々の調査やリスクの分析があるとも言える。

福谷　物事の進め方や時間の考え方自体も、日本とアジアでは違いがある。日本ではかなり先の会食の約束をしても、当たり前のようにその日に会えるものだが、アジアではアポイントの直前確認がなければ、その約束が守られる保証はない。それどころか前日に確認の電話をしても、当日相手が外出していることさえある。アポイントだけではなく、何かの作業を指示する場合も、何度も進捗状況を繰り返し確認しなければ、まったくその仕事が進まないことがある。一旦指示すればよほどのことがない限り、安心して納期が守られる日本の事情とはまったく異なる世界がそこにはある。実際に時間の観念を相手の視点で判断しないと、どこまでも自分に不利な状況に追い込まれることになる。自分の基準だけで物事を判断しない習慣も必要だ。

景気後退に伴うリスクの高まりに注意せよ

福谷　アジアの発展の図式というのは、これまで安い労働力で産業を国内に呼び込んできたところがあるが、今後は中間層をいかに富ませていくか次第で、各国の経済的な発展度合いに差がついていくことになるだろう。アジアで勝ち残れる国々、またそこで成功するビジネスモデルはいろいろ議論されているが、内需がいかに喚起されるかが大きなポイントになる。「いわゆる〝日本の失われた20年〟を生みだしたのが内需不足だった」、といわれていたことを考え合わせても、各国の人口動態に注意するとともに、中間層による購買意欲を刺激していくためにどのような政策を打ち出しているかにも注視する必要がある。また景気を決定するファクターとして、やはりその国の政治動向、選挙の結果、権力者の影響力の変化、などを見ながら判断することが最重要と考える。

杉田　確かに、中国が共産党だ、一党独裁だと言われながらも成長してきたのは、なんだかんだ言っても、あれだけ多くの人民を養えてきたという事実があるから。ここ最近になって、産業的に大きな供給過剰状態に陥り、今後内需も下がってくるとなると、これまでのように成長を人民に分け与えることができるかが問われてくる。政治的な不安定さと、経済、つまり景気後退が重なることに伴うリスクの顕在化。景気が複合的に影響し合って、リスクを拡大し、リスクを拡大してトラブルを引き起こす危険がある。M&A的なリスクで言えば、最近、東南アジアの景気が鈍化する中で、現地企業で自社株式の売却を希望する案件が増えている中で、その個々の案件が抱えるリスクが増えていることに気づかない点が挙げられる。つまり、今後は、セル側の本当の売却理由は何なのかがより問われる局面になっているということだと思う。

景気後退リスクのないアジアのフロンティアはどこだ

福谷　最後のフロンティアと問われれば、人口ボーナスの状況で考えれば、ベトナム、フィリピン、マレーシア、インドネシアか。ただし、フィリピンは反政府勢力との今後の折り合いのつけ方を注視すべきだし、社会的な腐敗が弱点ともなっている。さらに言えば、アキノ大統領の退任が近いことが最大の懸念材料。フィリピンの負の側面を改善してきたアキノ氏がいなくなっても政治的に安定するのか。経済的なポテンシャルはまだ大きいだけにそこが問われる。

杉田　ポテンシャルが実際の成長につながるのかで見ると、ベトナムについては、ポテンシャルそのものは誰もが認める高さがあり、東南アジアの中では成長率も比較的高い状況にある。ベトナムはリーマンショック等からの回復が遅れていたために、今の状況に繋がっていると理解している。

福谷　ベトナムは、3、4年前は金利が17%くらいで、自国通貨のドンを持っていてもどんどん目減りするので、ベトナムの人々はすぐにドルに換金していた。ところが昨今は道端でもドルの換金屋をみかけなくなり、金融政策による安定感が出てきた。街を歩いていてもその変化を実感することができる。

杉田　マレーシアについては、マレーシアの市場は、マレーシアという国単体で見るのではなく、アジアの先のインド、中近東、アフリカにつながる東南アジアのゲートウェイという見方をしている。人種も多く、テストマーケティング的な要素もあり、ハラル（イスラムの生活様式）スタンダード的にも一番整っている。アジア経済全体の市況の悪化を如実に受けてはいるものの、個々の案件にもよるが、M&A案件的にはむしろ今が買いとみている。ただし、経済市況の悪化が実体経済に大きく表れていないので、今後の動向は注視する必要がある。

福谷　シンガポールとの近さも大きなポイント。シンガポールとマレーシアは相互に、出入国の際にパスポートも自国民のような扱いをしている。マレーシアはシンガポールにとって優秀な華僑系の人材の供給源となっており、政策的にもシンガポールと平仄を合わせている部分がある。物価はシンガポールより相当割安。シンガポールモデルを踏襲することで今後も活性化が図れると思う。

インドネシアは何といっても、その強みは人口の多さ。逆に言えば格差があり、それが発展の障害になっている。ただし、すぐにはその極端な格差の是正は望めないだろう。

杉田　民衆の熱狂でジョコ・ウィドド（通称ジョコウィ）氏が第7代大統領になったが、さてそれがどれだけ経済的に好影響になるかといえば、まだ判断できない。ミャンマーも同様だが、政治的な変化がお祭りで終わってしまっては経済的な好影響は期待できない。ミャンマーは、今まで軍のサポートを受けた政権だったのが、昨年11月の総選挙でアウン・サン・スー・チー氏率いる国民民主連盟（NLD）が大勝した。そうした中で、今後どの程度、国民民主連盟主導の新政権が実務能力を発揮することが出来るかがポイントになる。今までは、与党に反対さえしてればよかったが、これからは実際の政治的判断を取る必要が出てくる。

福谷　ミャンマーにおいて過去の軍政の利点をあえてあげるとすると、こと組織マネージング能力については軍部は優れており、そうしたマネジメント経験のあるメンバーが政治を行っていたことだ。これからもアジアの多くの国々では、国家運営というマネジメント能力が問われることになるだろう。民主化への政治変化は、必ずしも直ぐには経済的なメリットには繋がらない。人口動態的に意外と若年層が少ないミャンマーにおいて、残り少ない人口ボーナスの時期をどう生かせるかも問われている。

杉田　ポテンシャルで言えば、もっとも高いと思われるのがインド。世の中のインドに期待する目も強くなっている。長期的にはチャイナショックのあとのアジア経済の底上げ役をインドに期待する向きもある。

福谷　インドは人口で言えば、〝世界最大の〟民主主義国家。期待に応えるには、国家としての方向性に国全体が動くかという問題がある。インドにはそれぞれの地域や州があり、それぞれの固有性がある。モディ首相の考えだけで国全体が動くわけではなく、地域性が強い。M&Aにしても、グリーンフィールド投資にしても、地域性の違いを理解していないと見誤る。中国のような大きな国にも、当然地域性はあるが、その分、国家統制が強い。インドの場合は多様性が凄いので、ビジネスとして関わる際には注意が必要。インドは一つに括れるような国ではない。

インドを一つの国と捉えるかどうかもそうだが、もっと広く見れば、アジアを〝一括り〟に考えていると思わぬリスクを招くことになる。またその一方で、世界を鳥瞰する中でアジアを考えていかないと、換言すれば世界の他の地域との関係性の中で捉えていかないと、進行している事態を見誤ることになる。

杉田　アジアの各国は、日本よりも世界全体を見ている。一例として、今までのオイルマネーやロシアの財閥に加えて、東南アジアの財閥がヨーロッパの主要サッカークラブのスポンサーとして名乗りを上げることも出てきた。アジアの国々の方が、教育も含め、日本人よりもグローバルな視点の中で考えている。

福谷　アジアはすでに日本を追いかけているだけの国々ではない。意思決定のプロセスやその速さ、国民の英語による意思疎通の容易さなど、荒削りだが日本が〝周回遅れ〟となっている分野さえある。世界情勢の中で、その歴史観にも踏み込んでアジアを理解していかないと、日本だけが取り残されかねないと危惧している。

第四章

アジアにおける不正・コンプライアンスリスク

クロール・インターナショナル・インク
影山　正・村崎　直子

クロールはグローバルに展開するリスク・コンサルティング・ファームである。1972年の設立以降、40年以上もの間にわたり、主にビジネス・インテリジェンスを通じてクライアントに対して、ビジネスリスクを回避・低減するためのサポートを行っている。ニューヨークの本社を中心に、世界約30カ国、約50拠点に、約2，000人のコンサルタントを抱えている。クライアントは、世界中の大手企業はもとより、法律事務所から金融機関、非営利機関、政府機関まで多岐にわたり、リスク・デューデリジェンス、コンプライアンス・サイバーセキュリティ・物理的セキュリティ等の各種コンサルティング、社内不正調査などのサービスを通して人、資産、事業運営、セキュリティに関わるリスクマネジメント上の経営判断のサポートを行っている。

リスク・デューデリジェンスの事例

クロールが扱ったアジアにおける不正・コンプライアンスリスクに関するサービスの事例で最も多いのは、国内外のM&Aの相手方のコンプライアンス上の懸念事項やレピュテーションを調査するリスク・デューデリジェンスである。

（例）かつて日本のITサービス業を行うクライアントがインドの同業他社との資本提携を睨み、弊社にリスク・デューデリジェンスを依頼した。クライアントのフィナンシャル・アドバイザーによれば、同業界ではインドでトップクラスの売上げを誇っているというふれこみであったが、調査したところ、サービスのクオリティが悪く、民間企業からの受注は減少傾向にあるため、幹部が賄賂を使って受注する政府関係の業務によって業績を維持していること、また幹部が売上げの一部を自身の懐に入れて私服を肥やしているといった情報が確認された。他方、財務上の理由からクライアントには魅力的には映っていなかった第二次候補についてはは好意的なレピュテーションが多く確認されたため、クライアントは、第一次候補との資本提携を諦め、第二次候補との提携を検討することとした。

（例）ミャンマーの金融機関との業務提携を検討している日本の金融機関からの依頼でリスク・デューデリジェンスを実施した。しかしながら、同金融機関は、米国のＯＦＡＣ

の制裁対象リストに掲載されている人物が率いるコングロマリットの一部であり、制裁対象リストに掲載されている人物やグループ企業との関係性を打ち消そうとはしているものの、実態としては当該コングロマリットと一体とみなされるべき意思決定・組織構造を有していることが判明した。また、コングロマリットとしても、まだ人権問題、前軍事政権との関係等、様々な点で懸念される点が多く、NGOも監視の目を緩めていない状況であり、OFAC（米国財務省外国資産管理室）の制裁対象リストから解除される可能性は極めて低い状況にあることが判明し、クライアントは同企業との提携に向けての検討を中止した。

また、企業の中で不正行為の疑いが検知された場合の内部不正調査の依頼も多い。

（例）日本のメーカーのインド現地法人幹部がベンダーからキックバックを受領しているという噂があった。調査の結果、当該幹部は、取引金額の10－15％をベンダーからキックバックとして受領しているほか、自己の私利私欲のためにベンダーに法外な要求をしていることが判明した。さらに、自分の知人に会社を設立させ、水増し請求や架空の請求を行うなどの背任行為も行っていたことが判明した。

アジアで散見されるビジネスリスクにはどんなものがあるか？

中国、東南アジア、南アジアに共通して多いのはやはり汚職リスクである。サプライヤーから担当者が賄賂をもらっていたり、工事受注のために顧客に賄賂を渡している、それも、比較的職責の低い人が小さい金額を授受するものから、場合により現地法人の代表がかなり高額の賄賂を授受するケースなど多岐にわたっている。さらに言うならば、現地法人や合弁企業のパートナー企業が、地元の政治家や役人に賄賂を渡して米国のＦＣＰＡ（米国海外腐敗行為防止法）違反のリスクに発展していくリスクも絶えず経験してきている。

2番目としては、現地パートナーとの紛争（dispute）もメジャーなリスクとして挙げられる。さらに、紛争からスタートして、結果的に現地パートナーが背任行為を行っていたり、利益を現地パートナー企業の子会社等に還流させることによって日本の企業から金を吸い上げていた、というスキームもたくさん見てきた。結果としてジョイントベンチャーから撤退する羽目となったケースもある。

3番目は内部不正リスクである。現地に派遣された駐在員による不正行為もあれば、現地採用の社員による不正についても、幹部から担当者クラスまで、組織内上下にも横断的にも不正が見られる。その種類にも、前述の汚職だけでなく、利益相反（conflict of interest）も頻繁に見られる。特に中国などでは、いまだに自分自身が役員を務める会社や家族が経営する会社、あるいは知人の会社と取引を行って不当に利益が流れているケースが見られる。知人の会社をサプライチェーンに組み入れて、会社から不当に利益を得る、もしくは自分の利益に持ってくるという悪意のものもあるし、中には、（アジアの商慣習に起因しているとは思うが）現地の社員からすれば、信用している知人や友人家族の会社を入れただけであって、会社にとってはむしろ安全かつ良いビジネスができるのではないかということでスタートしているケースも存在するので、一概に全て不正であるか否かは難しいところである。アジアにおいては、人間関係が元で商売が成り立っていることが多いため、必ずしも利益相反が見つかったから会社にとって重大な被害が生じることになるかというと、そういうわけでもない。ただし、放っておくと、なし崩し的に運用され、気がつけば、不当に高い金額で発注していたり、またさらに悪質な例としては架空の契約を結んで利益を吸い上げるスキームが作られてしまうというケースもある。これは中国だけにみられるものではなく、東南アジアでも、インドでも実際にみられる。

さらに付け加えるとすれば、不正競争や知的財産の侵害、盗用といったトラブルも多い。日本のメーカーがある製品を現地パートナーと共同で展開していたら、気がつくと同じものが現地パートナーの親族が設立した工場で作られていたり、目の前に同じような競合店ができて裏をかかれるようなケースもある。以前パートナーとしてライセンスを供与していた現地の会社がライセンス契約が切れた後も、依然としてライセンス切れのままで商売をしているというケースもある。もちろん法律的には日本企業は完全な被害者ではあるものの、解決に向けての時間やコストは非常に大きく、トラブルが起こってからの対処は大きな負担になっている。

アジアにおける汚職のトレンド

汚職の内容そのものについては、米国のＦＣＰＡ違反を問われるケースもあれば、調達部長がサプライヤーのキックバックを受けていたものまで、様々な形があり、特に傾向らしき傾向というものは見られない。ただし、それを取り締まる側の摘発の厳格化の動きにより、取り締まられる企業側の意識にも変化がみられているのは感じる。数年前までは、こういった賄賂は、中国その他アジアでビジネスする上では必要不可欠な悪しき慣習というような言葉で片付けられていたのが、最近では、中国においても汚職は断じてご法度といった風潮になってきている。さらに中国の現指導部は、現在進行形の不正だけではなく、過去にあった汚職、贈収賄についても厳しく取り締まるようになっているため、企業としても、過去に遡及して問題が掘り返されて追及されるリスクが出てきているというのも新しい傾向であろう。

こういった傾向に伴い、欧米の企業では、過去のものにまでさかのぼって掘り起こしをする企業も多い。弊社の中国チームでも、特に欧米の企業からは、過去の不正の検知や不正のリスクアセスメントの依頼を受けているが、そういった当局側の姿勢の変化という背景がある。さらに言えば、FCPAの場合は、企業側がプロアクティブに発見して自発的に報告すればペナルティが軽減される可能性があるという背景もある。しかしながら、日本企業の場合は、残念ながら、いまだに何か不祥事が起こってから動きだすケースが大半ではないかと思う。

今後のアジアの景気後退によるリスクの増大・顕在化の可能性

アジアの景気後退に伴って、不正・コンプライアンスリスクが顕在化していく可能性も大きくなるとは考えられる。アジア通貨危機の後にも、リーマンショックの後にもそういった傾向がみられた。リーマンショック以降、一部の日本企業では海外駐在員の数をかなり減らしてきた。必ずしも本邦から派遣された人が優秀なマネジメント能力を持った人ばかりとは言いきれないが、少なくとも会社の利益のために動く管理職として日本から派遣されて現地事業を担ってきていた方々である。それに代わって、現地採用の幹部に任せるようになると、そこで生まれる隙間や、価値観のギャップが出てくる。それで不正が行われるということも実際にあった。

さらに、景気が悪化していく中で、自身の利益を確保するために不正に手を出す人物も増えてくる。個人の家計を支えるために個人が企業を騙すリスクも増大するし、同時に企業同士の間で相手を騙すぎりぎりのことをするといったケースも残念ながら増えていくのは、これまでの経済危機を見ていてもうかがえる傾向である。

しかも、景気が悪くなるから不正を行う者が増える、というような単純な構図ではない。不景気になると、コンプライアンス面をコントロール、牽制する部門の人員を減らすことになって、これまで5~6人いた担当が2~3人に減り、手が回らなくなって不正が生じやすい環境ができるという要素も大きい。

ただ、実際には、不正は物理的に数が増えるというよりも、隠れたものが顕在化すると言ったほうが正確なのではないかとも思う。企業は、業績が悪化すると、必ず利益を確保するために様々な側面からの圧縮努力をする。その一環として経費や間接費用等のコスト分析やリスクアセスメントをしていく過程で、不正が顕在化するといったことがよく見られる。代替わりをしてリーダーシップが替わると不正が見つかるというのもそういう理由であろう。

さらに、景気が後退することに伴って、もう一つ考えなければならないのは、地政学的リスクである。中国もインドネシアもマレーシアも、景気後退時には、ナショナリズムの傾向が強くなる傾向が過去に見られてきたし、インドもこれまでのパターンをからすると今後そうなっていく可能性もある。景気が悪くなってくると、起爆剤として外資を導入させるのが王道なので外資規制が緩むと考えがちであるが、実際には必ずしもそうではないケースもあり、法律改正によってそれまで認められていた資源採掘の権利がひっくりかえされたりするリスクも考えなければならないことがある。景気後退時だけでなく、総選挙前などもそういう動きが大きくなるため、不正・コンプライアンスリスクとともに考えるべきビジネスリスクとして、こういった地政学的リスクも念頭に置いておくべきである。

また、景気後退時には、債務者の未払いによる不良債権化のリスクが高まるため、当社でも、そういった状況に伴う資産調査の要請が増える傾向にある。取引の前後にかかわらず、取引先の資産の状況や事業の状況などはしっかりと把握しておくことが重要である。

業績が良いときには不正のリスクは低減するのか

不正がおきやすい環境や時期とは、大規模なリストラをする時期といった景気後退期だけではなく、逆に業容が急激に拡大した時期、M&Aなどで企業文化の異なる企業同士が一つになる時期など、いわば「ガバナンスのコントロールが十分に効かなくなる時期」であることが言える。

したがって、経験則上、業績が急激に伸びているときは、不正のリスクも高まる。業績が右肩上がりでとにかく売上げがどんどん伸び、利益もそこそこ出ており、遠く離れた本社からすれば数字やオペレーションの細かいところまでは気が回らない、むしろ気を回す必要がないという状況のときのほうが不正が潜んでいることが多い。

アメリカの大手IT企業の例では、中国の深圳の経済特区に現地法人を持っており、アメリカで教育された中国人にゼネラルマネージャーとしてビジネスを任せていた。中国のオペレーションはずっと業績が良く、グローバルの経営会議でも常にトップ表彰されているような状況であったという。しかしながら、調査をしたところ、実は売上げのかなりの部分を自らが設立した同様の事業を行う子会社に流していたり、子会社の家賃や社員の報酬その他費用をアメリカの会社につけ回していたりするなどして、相当な被害を生じさせた。帳簿も2種類発見され、今までアメリカの本社に報告していた数字そのものが改ざんされており、実は儲かっていなかったという事実も発見された。あまりにも意外な結果であったため、我々がアメリカの本社に報告を行ったときも、アメリカの本社としては、あまりにも信じがたく、むしろクロールの調査は間違っていないのかという否定的な反応だったほどであった。しかし、実際には、ゼネラルマネージャーに加え、現地採用のCFOと営業部長の三人で結託して、隠れた別会社を作り、利益や顧客を流したり、オペレーションコストを会社につけ回すということをずっとやっていた。さらに、中国における売上げを香港の地下銀行を通じて移転させていたことも本社のCFOは気づいておらず、残念ながらアメリカの本社は全くコントロールができていなかった。中国から報告されてくるマネジメントレポートそのものも非常に粗いものであったにもかかわらず、業績が良いからということで甘く管理していた結果であった。

これは海外に限ったことでもない。以前、外資系企業の日本法人のトップが取引先からキックバックを受けているという内部通報を受けて内部調査を行ったことがあるが、そのときも、まさに海外の本社は、日本法人の業績が非常に良かったために、発案・決裁・実行まですべての権限がトップ一人に集中して牽制機能が全く働いていなかった実態にも気づいていなかったという背景がある。

不正を防止するため、あるいは早期に検知するために企業としてできること

日本の企業の場合に特に言えることであるが、これからビジネスを大きくしていく中で、特に合弁形式でこれから一緒にやっていく人に対して、将来不正がされるということ

を想定して「財務責任者をうちから出しますよ」とか、「ボードメンバーの何割かはうちから出して、こういうマネジメントレポートを提出させますよ」とか、事細かく注文をつけることによって相手の心証を害したくないと思いがちである。しかしながら、現地にまかせっきりというのは最も問題となるし、まずは現地に行って相手方に実際に会うことは基本的かつ重要である。

また、最低限、何かが起きた際に検証できるようなＩＴシステムや財務情報の統合は必要である。先に述べた中国における不正のケースでは、ＩＴシステムが中国国内で完結しており、本国のＩＴ部門が全く中国内のメールのやり取りを含め、調査に必要な電子証拠を集められなかった。また、ＩＴのみならず、同じ国内でもそれぞれの拠点で財務関連の情報やドキュメント類が一括して整理・統合されていないケースも散見される。不測の事態が起こり得ることも想定して、どのような方法でどのような資料を集めて調査をするということを前提に財務資料も報告・保管させなければならないし、ＩＴシステムも組まなければならない。

日本の企業が他のグローバル企業と異なる点

日本企業は、欧米企業に比べると、相手の言うことを信用しすぎる傾向が強い。リスクに関するデューデリジェンスを行わない傾向もまだあるし、やったとしても、デューデリジェンスにかける時間やコストも欧米の比較にならない。欧米では、デューデリジェンスは当たり前のプロセスとして当社のようなところに依頼するのに対し、日本はアドホックなことが多い。ＦＣＰＡなどで一旦問題を起こしたことのある日本企業の中には、コンプライアンスの一環としてデューデリジェンスをルール化しているところもあるが、それもどちらかというと、「ファイルに収めるためにやっている」（＝やりさえすればいい）というだけのことで、その相手がどのような出身でいかなるビジネスを行っており、どういう政治的なコネクションがあるか、明らかになっていない紛争や訴訟がないか、経営者の資質はどうなのかというところまで毎回毎回見ている日本企業はまだ少ない。

そもそも、欧米に比べると、日本人はリスクに対する想像力が非常に稚拙であると感じることがある。さらに第三者から得た情報を信用しすぎる。特にそれが総合商社や銀行、名の通った企業からの紹介だと盲目的に信じてしまう。たとえば、相手がインドネシアのコングロマリットで、政権とも密接なつながりをもっているしっかりとした会社ですと聞かされるだけで、「日本の東証一部上場企業のようなものでしょ」という感覚を持ってしまう。そうした程度のことで事前のデューデリジェンスの要否を決定するのは間違いである。

取引先のコンプライアンス・スクリーニングというような簡易的なデューデリジェンスでも、何のためにやっているのかと思うときがある。「これは当社のコンプライアンスのプロセスとしてファイルにいれなければならないんです」という回答では良くない。当社にとってのコンプライアンスリスクは何なのか、そこはどこからくるのか、ならばどういうところを調べなければならないのか、など、様々な視点から調査のスコープを決めていかなければならないのに、とりあえずマイナス情報がないかどうかみてくださいというレベルでは、まだまだ発展途上と感じる。

とはいえ、日本企業も、そもそもM&Aの際に、調査を全くしていないかというとそういうわけではない。場合によっては企業の信用調査レポートを購入したり、ビジネスデューデリジェンスやリーガルデューデリジェンスなど、やることはやっている企業も沢山ある。しかし、せっかく集めた情報を活用し切れていない。例えば、過去の案件であるが、日本の会社が海外の会社にかなり巨額の投資をするというのに、ディールクローズの1~2週間前という切羽詰ったタイミングになって気になる噂を聞いたので、調査してほしいという依頼があった。その噂というのは、財務的な問題及び隠れた負債の噂があるというものであったので、まずは、持っている資料を全部見せてもらった。その中で、ある会計事務所の財務デューデリジェンスのレポートがあったので、ざっと読んでみると、

200ページくらいのレポートの中には、付せんを何十個も付けられるくらい気になるコメントがたくさん見つかるのである。にもかかわらず、クライアントはそれに対して何もアクションを起こしてしていなかった。すでに会計士がレッドフラッグを指摘していたにもかかわらず、である。気になった点に関してクライアントに質問をしてみても、「わかりません」「特に調べていません」、「そもそも問題だとは認識していませんでした」という回答であった。その後、クロールが調査したところ、当該相手企業は、300億円ほどの隠れた負債を複数のファンドに対して負っていたことをクライアントに隠していたことがわかった。このように、日本企業によくあるのは、懸念情報が見つかっているのに放置しているということである。幹部に対してなぜ問い質さないのですかと聞くと、「これから握手していく人に対してそんな失礼な質問はできない」という。こういったメンタリティを変えていかなければダメである。健全に疑う心を持ち、様々な情報を集め、資料をみて、そして相手に問い質して問題をクリアにしていくべきだと思う。

こういったメンタリティになってしまう背景としては、M&Aをするということがゴールになっていることにも起因するのではないかと思う。経営方針として売上何%増というのと同じように、M&A年間3件など、件数がKPIになってしまい、ポスト・マージャー・インテグレーション（M&Aや合弁設立の後の組織統合のプロセス：PMI）の観点が希薄と感じることも多い。M&Aの目的に鑑みれば本末転倒の話であり、きちっとしたディールをし、確認すべきは確認する、引くときには引く、という原点に立たないといけないのは当然である。そのためには、きっちりとしたデューデリジェンスをしなければならない。それでも、人は変わっていくため、現地パートナーによる不正は発生することもある。不正が行われつつあるなという兆候を読み取るような牽制機能、実際におかしいと思ったら迅速にアクションを起こせるような調査能力、事業継続計画を持つべきであるのは当然である。

さらに、付言すれば、日本企業は欧米企業に比べて法務部門の権限が比較的弱いということも背景の一つとしてあるのではないかと見ている。日本においては、法務部門は、契約書や法令解釈などの事務手続作業が主で、重要な意思決定の中枢を担っていない企業が多い印象を受ける。すなわち、法務部門が営業や業務部門の「暴走」をストップできるだけの権限、影響力、機動力を持っていないことが多い。日本企業も、欧米企業のように、法務部門がコンプライアンスリスクについてのデューデリジェンスをリードし、リスク管理の点からディールの意思決定に関与していくような仕組みにしていくよう改革を進める必要があるのではないかと感じている。

なお、調査については、自前で全てを行うのは困難である。言語の問題もあるが、重要なのは独立性である。信用できる第三者に調べてもらうとなった場合、日本の企業の場合は大抵まず顧問弁護士に相談するが、顧問弁護士が必ず特定の不正や紛争の専門家であるという保証もないし、かつそれが海外であれば輪をかけて専門外のアドバイスをして初動を間違う傾向はある。やはりリスクごとに専門家は予め把握しておかなければならない。

海外で展開する日本企業へのアドバイス

アジアに限らないが、海外へ展開するには、まず、きちんとデューデリジェンスを行うのが基本である。日本企業の場合、まずは信用できる第三者として名前が挙げられるのがフィナンシャル・アドバイザーである金融機関や総合商社、仲介役を担う政府系組織等であるが、そういったところとは別のルートでもきちんと調査をしてリスクを見極めるという努力をする必要がある。既に説明してきたが、日本企業の場合、財務情報の精査はきちんとやるが、ガバナンスやコンプライアンスといった非財務情報の手当てが甘いという印象がある。

景気の良し悪しにかかわらず、中国、東南アジア、中東等、地域を問わず、汚職リスクに対しては今後摘発の手が緩むことはなく、逆にどんどん取締りが強化されていく流れに

図表2-4-1　不正とその脆弱性の影響を受けた企業

不正の種類	過去12ヶ月に以下の不正の被害を受けた企業の割合	以下の不正に対する自社の脆弱性が中～高水準としている企業の割合
物的資産の盗難	22%	62%
ベンダー・サプライヤー・調達部門の不正	17%	49%
情報漏洩	15%	51%
経営陣による利益相反	12%	36%
規制・コンプライアンス違反	12%	40%
汚職・贈収賄	11%	40%
社内の財務不正	9%	43%
企業資産の横領	7%	40%
マネーロンダリング	4%	34%
知的財産侵害	4%	37%
マーケットでの談合・癒着	2%	26%

出典：Global Fraud Report 2015/16

ある。これまでは、もしかしたら日本の当局、アメリカの司法省や欧州委員会だけを警戒していればよかったのかもしれないが、今では現地の捜査機関や汚職委員会のような関係当局の動きもウォッチしていかなければならない。「アジアでビジネスをするには人間関係が必要です」、「人間関係を円滑にするためにはギリギリのことをしなければならないんです」という感覚で海外でビジネスをしている人が今でもあるとすれば、それは間違いである。

さらに、アジアでの難しいところは多言語であるところである。

図表2-4-2　不正の脅威が増加している要因上位5つ

不正リスク増加の要因	経営層が考える不正の脅威が増加（過去12ヶ月）した要因
従業員の離職率の高さ	33%
アウトソースとオフショアリングの増加	16%
リスクの高い市場への新規参入	13%
提供する商品・サービスの複雑さ	11%
企業提携の増加（ジョイントベンチャー、パートナーシップ）	10%

出典：Global Fraud Report 2015/16

そんな環境において、日本人だけ派遣して、トップ以下、財務、総務、人事全部、営業も全部日本人、その下の部課長クラスになって初めて現地人が混じるとなると、やはりコミュニケーションギャップができて、下のフラストレーションを上が理解していなかったり、上の方針・戦略が伝わっていなかったりすることがある。したがって、信用できる現地のマネジメントを育て上げていくことが重要である。その信用できる現地のマネジメントも、やはり一定の距離を置いて監視監督をしなければならない。そのバロメーターとしてみれるような財務資料の集め方やITシステムの組み方も考えて現地法人を管理しなければならないし、合弁事業やM&Aも考えなければならない。

デューデリジェンスについて付言すれば、それは会社だけではなく、人を雇うときも同じである。また、日本企業の中でサプライヤーのデューデリジェンスをやっている企業はまだ数えるくらいしかない。アメリカの会社においては、「サードパーティ・スクリーニング」はスタンダード・ビジネス・プラクティスとして定期的に行っており、新規に取引を始めるときにも実施しているし、定期的にアップデートの調査も行っている。アメリカでは、こういった努力を積み重ねているのである。さらに、データアナリティクスを使った早期不正の検知なども積極的に取り入れている。

もちろん、そこまでコストをかけて行えるかは、もちろん取引や事業の規模にもよる。そこで、まずはリスクを棚卸しし、「ヒートマップ」を作って、ハイリスクの拠点、ハイリスクのオペレーション、決済、支払い、採用といったファンクションごとの優先順位等を決めてめりはりをつけたデューデリジェンスを実施することをお奨めする。同じメッシュで網羅的に取り入れているときりがないからである。

〈補論〉リスク対応の一般理論からの幾つかの教訓

株式会社せおん
越 純一郎

リスク対応の実務には、アジア独特のものもあるが、「1＋1」は世界のどこでも2であるのと同様に、普遍的で世界共通の原則もある。そうした普遍的な原則は、アジアでの実務にも適用し得る。この補論では、それらの中から幾つかを扱う。

(1) リスク・アセスメント、リスク・マトリクス、BCP

いかなるビジネスにもリスクは伴う。そして、どのビジネス、どの企業にとっても、リスクの種類は多数に上る。たとえば、住宅開発であれば、所在国の景気、政治、天災、法制度の不備／未整備／変更、テロ、人口動態、合弁相手の不正／倒産／競争力、あるいは地質、建築の不備／失敗、デザイン、販売など、多数の事項が関連する。

これらの事項を一つ残らず①網羅的に列挙し、②各事項の発生確率／リスク規模などを評価し、③対応の方策・方針（緊要度、リスクの回避・予防策、発生した場合の低減・復旧・転嫁・保険、それぞれの担当者・担当部署・予算など）をマトリクスとしてまとめておくこと（「リスク・マトリクス」）は、企業実務として行われてきたことである。

また、天災、火災、感染症、テロなどの際にも事業（あるいは中核事業）を継続するための計画[1]（ＢＣＰ）を立案しておくことも、重要な企業実務として行われている。

これらは、全世界共通のことであって、もちろんアジア・ビジネスに関しても適用できる手法である。むしろ、アジア・ビジネスにおいても、看過してはならず、必ず行わねばならないと考えるべきであろう。

（2）投資家保護と投資家の自己責任　―　説明責任と自己責任

１９８０年台後半に筆者が初めてインベストメント・バンキングを実地で学んでいたニューヨークにおけるスタンダード・ビジネス・プラクティスは、特殊米国的なものより、全世界共通の普遍的な原則等に基づくものが主であった。そうした普遍的な原則等には、その後、日本、アセアンなどで実務に従事する際に、そのまま使えるものが数多くあった。「１＋１」は世界のどこでも2なのであるから、当然といえば当然のことである。

その中には、「**自己責任**でリスクを負う投資家に対しては、**説明責任**を果たさなくてはならない」ということがある。我が国の金融商品取引法や上場関連規制などにおける「投資家保護」の要請に基づく情報開示義務・説明義務なども、同一の種類のことである。

ここで言う説明責任とは、リスクに関する説明のことである。いかなるリスクが存在するか、それらのリスクの規模や蓋然性はどうかなどの説明のことである。逆に言えば、それはアップサイド・リターンなどの、「バラ色の説明（Rosy Story）」ではない。バラ色説明は、ポジション・トーク（自分の利害関係や損得勘定に基づいて自分にとって都合の良い説明をすること）にすぎず、そもそも説明とは言えないものである。

そもそもリスクを説明していないのでは、「説明責任」を果たしたとは言えない。リスクを十分に説明してはじめて、投資家にも自己責任を求められるのである。

(3) 投資検討はリスク面を主軸に

アセアンでも、日系の投資家に投資案件を斡旋・慫慂する事例は多い。ところが、そうした場合に非常に多く見られるのは、バラ色説明によって「投資家をその気にさせる、引っ掛ける」ということを狙う風景である。そうしたところでは、リスクには触れず、良い話ばかりを吹聴する。

逆に、ニューヨークで筆者が経験したものは、投資を薦める側が、まずリスク・プロファイルの説明から始まるという実務であった。「この投資案件には、このリスクがあります。このリスクもあります。さらに、こういうリスクもあります。……」とリスクが説明され、「それでも良ければ、自己責任で投資を行ってください」という説明責任を果たす資料が使われていた。

筆者が最近参加した東欧関係の投資説明会において、日本の行政関連の専門家でさえ、「リスク説明型」ではなく「バラ色説明型（＝リスクに触れない）」に終始していた。おそらく、それは悪意によるものではなく、ビジネスの経験が十分でないためであろうと思われたが、その方は「海外関係の専門家」として行政関連組織に雇われた方だった。

投資案件を持ちまわる方々は（それがアジアでも、あるいは東欧でも、アフリカでも、日本でも、どこでも）、説明責任を果たすことが必須である。そして、投資案件を検討する方々は、アップサイド・リターン（うまくいった場合の利益）ではなく、ダウンサイド・リスク（うまくいかなかった場合の損失）の検討を主軸にすべきであることを認識して頂きたい。

投資案件を検討する際に、リスク面の検討を主軸として実務を行うと、実務のレベルが向上し、完成度が格段に高まる（！）ことを何度も目の当たりにしてきた。この点でも、投資や事業の検討は（アップサイドではなく）すべからくダウンサイドリスクの網羅的かつ詳細な検討を中心とすることが、実務上の重要な指針とすべきものである。

検討実務の完成度が高まれば、自動的にアップサイド・リターンは明確になり、投資の全体像を明確に認識できる。しかし、バラ色説明しか行われない場合（リスクを明確化しないままの場合）は、潜在的リスク残したままであったり、リスクを認識することすらできていなかったりする。

そうした潜在的リスクが、何年かの間は顕在化しないこともある。特に、これまでのような好景気の時期には。そうした時期には、「私は、生まれてから一度も死んだことがないんだ…」と言うのと同じ発言を聞かされることも多い。今後、アジア経済の後退とともに、リスクが顕在化する蓋然性が高まることはあっても逆はない。そうなってから「想定外だった」と言うしかない事態を回避・予防する意味で、本書が役にたてば幸いである。

1 Business Continuity Plan（BCP）。日本の中小企業庁のサイトにも、その説明がある。http://www.chusho.meti.go.jp/bcp/contents/level_c/bcpgl_01_1.html

第三部

アジア・ビジネス・リスクの実況報告とリスク対応具体論

リスク関連実務の実例集である第三部は、２０１５年12月から6ヶ月に渡って毎週の日刊工業新聞に掲載された現場実務家によるリレー連載を加筆・拡充したものである。

執筆者の中心は外部専門家

執筆者の大部分は、弁護士、会計士、経営コンサルタントなどの方々で、現役のサラリーマンの方はいない。もし、企業の中で隠されてしまう失敗例、詐欺被害、社内不正、汚職関与、不適切法務、管理不在などをご紹介できれば、本書はさらに実用性を増すだろう。だが、社員、サラリーマンなどの立場の皆様から御協力を頂くことは難しい。

これには、「自慢話や成功例は公表されるが、失敗例は隠される」という事情もあるが、実はそれだけではない。（守秘義務の問題でもない。）

前書（「誰も語らなかった アジアの見えないリスク」２０１２年）では、実は、お名前を出すことのできない専門家たちの原稿等を私の名前で掲載した部分がある。その背景には、多くのアジアの国には、自国にとって都合の悪い言論を行う者に対する**入国拒否**（外国人の場合）や**出国停止**（自国民の場合）の措置を行うための法制度がある。そのため、中国、韓国、タイなどの専門家の方々が、実際の身の危険や不都合を感じていたし、出国停止・入国禁止によって仕事ができなってしまうリスクもあった。

こうした事情は、日本企業の本社社員や現地駐在員でも同じであって、自由な言論が困難であることも珍しくないのだ。

本書でも外部専門家の方々のほうが発言しやすいのは同じである。だが、外部専門家でも言えないことはある。その意味で、第三部は非常に大きな制約のもとでの産物ではある。

将来への警告として

第三部は、過去の実例集というより将来への警告である。それには、二つの異なるタイプがある。一つは、今後も繰り返される可能性の高いパターンの事案である。たとえば、アリ・ウィドド氏によるインドネシアにおける詐欺的事案は、「現地永住の日本人が加担している」という非常に多いパターンで、これは今後も繰り返されるであろう。また、同事案では「自分自身の手柄・功績をどうしても欲しい」という二世、三世の経営者の心理につけこんだ詐欺工作であったが、このパターンも今後、繰り返し現れるであろう。

もう一つは、アジア諸国の景気後退にともなって、「これまでは潜在化していたリスクが顕在化する」「新しいリスクが現実となる」というタイプである。これには、「税制運用の変更による**徴税強化**」「ダミーや名義貸しなどによる**外資規制の潜脱の摘発強化**」「新たな**資本流出規制**」などがある。これらは、将来への警告と位置づけるべきものであろう。

〈事例1〉

中国現地法人撤退時の関門―経済補償金

山田ビジネスコンサルティング株式会社
池野　幸佑

「電子部品事業部を整理し、従業員との雇用を3ヶ月後に終了する。」70名の従業員を前に、日本人総経理（注＝日本で言えば社長に相当する役員）が通訳を介してそう宣言してからほどなく、会場は大きくどよめいた。

「当社の電子部品事業部を解体したい。」３００人以上の従業員を擁する日系メーカーの上海現地法人総経理から、中国最大手の某法律事務所が相談を持ちかけられたのは、半年以上も前のことである。事業部の解体には、従業員の雇用の終了が不可欠だ。

中国の労働契約法によれば、従業員との労働契約を会社の都合で終了させる場合、勤続年数に応じた経済補償金の支払いが必要である。実務では、労働契約の合意解除に任意に応じてもらうため、法定以上の経済補償金を支払うケースが大半を占める。

中国での大規模な人員削減といえば、2015年のシチズンホールディングスやパナソニックの北京工場閉鎖の例が記憶に新しい。中国でも大きく取り上げられており、これらの影響もあってか、日系企業に対する従業員の不信感が高まっているように思う。

「うちの会社はうまくいっていないようだ。」「総経理は来週、日本に帰るらしい。」「このまま会社をほっといて、逃げるつもりだろう。」「総経理の運転手が、総経理は工場から製品の金型を持ち出すつもりらしいと言っていた。」従業員の不信感は噂を呼び、ふとしたきっかけで噴出してしまう。リストラに関する従業員説明会に合わせて日本からやってきた役員が従業員に取り囲まれ、狭い部屋に数日間軟禁されてしまったケースもある。

経験者の話によれば、布団もない狭い部屋に社長・弁護士ら4名が取り囲まれ、外を随時従業員が見回りする中、いすを並べて簡易ベッドにして、夜を明かしたとのことである。

「現在の中国でリストラを実施すれば、ほぼ確実にストライキが発生してしまうだろう。」語ってくれたのは、中国最大手の某法律事務所で日系企業向けに法律サービスを提供してきた、経験豊富な中堅弁護士だ。

ストライキが起こるのはできるだけ阻止したい。弁護士は、クライアントの総経理達と半年以上前から入念に計画を立て、何度も打ち合わせを重ねた。従業員を説得するには日本人の管理職ではなく、現場をよく知る現地スタッフの協力が不可欠である。労働組合長でもある人事部長に事情を説明し、彼を巻き込みながら、計画を練った。

計画は次のとおりである。雇用終了予定日の3ケ月前に従業員説明会を開催し、その場で、3ケ月後に労働契約を終了させたい旨を通告する。3日間の猶予期間を設け、その期間中に解除協議書にサインしてくれれば、その従業員には法定以上の経済補償金を支給する。また、説明会当日にサインしてくれれば500元（日本円で約10，000円）を追加して支払う。もし、3日間を過ぎても協議書にサインしない従業員がいれば、法律に従い、強制的に労働契約を解除する。

向かえた当日、冒頭のように総経理が宣言して間もなく、従業員全体説明会は終了した。弁護士チームは後方に待機し、法律相談に応じることになっていた。従業員は大挙して弁護士のところに押し寄せ、彼らを取り囲むと、大声で騒ぎ始めた。現場は騒然となった。「警備を呼んでください。」総経理は直ちに、会社がこの日のために依頼していた警備会社への連絡を指示した。

しかし、総勢4名の弁護士チームは、押し寄せる従業員に対応した。ある弁護士は負け

図表3-1-1　従業員整理　三つのポイント

①	情報漏えいに気を付ける	•プロジェクトメンバーに誰を選ぶか、特に、現地の幹部従業員をメンバーに入れるかどうか。 •当局や労働組合への開示をどのタイミングで行うか。プロジェクトメンバー以外に開示すれば、全従業員に広まってしまう可能性がある。
②	経済補償金の周辺相場を押さえる、公平感に配慮する	•周辺の経済補償金の相場を調査し、それと大きく乖離しない算定方法を定めることが望ましい。 •全ての整理対象者との間で合意を成立させるため、「公平感」に配慮して算定方法を決めることが重要である。例えば、給料の1ケ月分を一律で上乗せするとした場合、勤続年数の長い従業員から不満が出る可能性もある。
③	当局（労働局、公安等）に協力を求める	•説明会後には、労働局へ相談に行く従業員もいる。事前に労働局に説明し、経済補償金の算定方法等についてコンセンサスを得ておくことが望ましい（なお、強制的な人員整理を行う場合は労働局への事前報告が義務となっている）。 •従業員説明会では、労働局や公安に同席してもらえると心強い。

じと大きな声で、ある弁護士はホワイトボードを使って淡々と対応していった。

質問の主な内容は、経済補償金の計算方法や具体的な金額、他部署に移転できないのかといったものがほとんどであった。弁護士は、複数の従業員から共通して質問された質問を紙にまとめて会場に貼り出した。納得した従業員は一人、また一人と会場を後にし、疑問が残る従業員は、引き続き弁護士を取り囲んで質問を浴びせた。嵐のような時間が、1時間ほど続いた。

昼食を挟んで個人面談が行われた。日本人管理職と人事部長が、弁護士立ち会いの下、労働契約の解除協議書へのサインを促した。面談では、各自に支給される経済補償金の金額を書面で開示し、納得した従業員は協議書にサインをし、その場で５００元を受け取る。個人面談は驚くほどあっさり終わり、70名の従業員全員が、その場で協議書にサインをし、無事に、従業員整理の手続きが終了した。

中国人は感情的に見えて合理的だ。日本では中国人の労働者が暴動を起こすようなショッキングな映像ばかりが報道されるが、彼らは感情的な高まりからそのような行動に出るのではなく、あくまでも交渉の一手段として利用しているように感じる。実際に、軟禁された経験者の話を聞くと、身の危険はほとんど感じなかったという。

先の中堅弁護士はこうも語る。「中国人がリストラを告げられた時にまず考えるのは、自分は経済補償金をいくらもらえるのかだ。」実際に、彼らの多くは、労働契約終了を告げられたすぐ後に、いくらの経済補償金がもらえるかを計算する様子を見せていた。合理的な思考と大胆な行動力、中国人の強みの一つではないかと、筆者は感じる。

〈事例2〉

中国撤退トラブル
――合弁解消の激闘

株式会社アジアン・アセットリサーチ
菱村　千枝

中国の某大都市。日本の機械メーカーであるA社が、ここに日中折半出資で合弁を設立したのは10年ほど前のことだった。資本構成は、日方はA社が単独で50％、中国側（中方）は国有系も含む数社で計50％だった。

事業は概ね順調だったが、中方の経営陣の放埒が目に余る状態となった。中方の董事長である女性は、地元では党の有力者であり、怒ると「鬼より怖い」という人物だった。それだけではなく、役員などの重要ポストに自分の親戚を次々と引き入れるなどの専横の限りをつくし、さらには自分たちが当該合弁会社から私的に資金の借り入れをし、しかも適時に返済しないなどといった不正行為までも増えてきた。

日方の総経理は何度も中方に注意を促したが効果はなく、総経理と董事長は社内で激しく口論し、つかみかからんばかりの喧嘩もしばしばという最悪の状態に立ち至った。「もうい加減にしてほしい！」と、日方は中方の持分の全部を買い取り独資（100％出資）にすると決意した。

そのためには中方の持ち分の資産評価が必要になるので、その評価の依頼が私にあった。しかし、資産評価作業務には財務部と経理担当者の協力が欠かせないが、両方ともに日方・中方それぞれのボスからの意向を受けた社員がいる。中方の社員は、自分たちに不利になること（簿外の債務や、不良在庫等）を意図的に隠して、正確な評価をさせまいとせっせと妨害行為を働いた。

このため資産評価業務は難航し、簿外債務の徹底的な洗い出しをすることが完全にはできず、レポートにはリスクの存在を抽象的に示唆するにとどめざるを得なかった。本当はリスクや簿外債務があるにもかかわらず、その存在を明らかにできないため、その分だけ本来の資産価値より高い価格で企業評価額を算定せざるを得なかった。当局も、当然ながら、それを認めた。（売手側に国有系資本が含まれていたので、地元政府の承認が必要であったのだ。）日方は、不当に高い買い物をさせられたのだ。

総経理は、無事に買い切っただけでも、つまり、中方と縁が切れただけで「もう十分だ！」と言った。そして、「二度と中国企業と合弁はしたくない‼」と、つくづく述べて

図表3-2-1　中国で常に念頭に置いておくべきこと
—少しでもマシな撤退のために—

1.	信用は禁物	相手を信用することを前提とした取り決めは、最初からしてはならない。 「相手は信用できない」、「裏切り、妨害、敵対は必ず生じる」という前提で、契約内容等を決定すること。 お人よしだと、ヒドイ目にあう。
2.	事業開始時に撤退策を策定	合弁契約の内容は、「合弁解消のルールの設定」だと思え。全ては、撤退方法を確保した後で行う。
3.	対抗手段が先	合弁相手に対して確実に実行できる対抗手段を確保できない限り、合弁はしてはいけない。
4.	契約は気休め	「相手は契約を守らない」という前提が必要。 また、中国では契約は履行されず、裁判も重い通りにはいかないということを、最初から前提とするべき。 契約上の対抗手段などより、事実上の対抗手段が重要
5.	政府こそが敵であることも	政府や政府系が、最悪の相手になることがある。 詐欺、契約不履行、不正行為、、、、

いた。私は公正な立場として動きつつも全力で応援したが、傍で見ていて気の毒で仕方なかった。

資産評価の業務の中で、私自身もヒアリングをかけるたびに何度も女性董事長にどやしつけられ、たびたび不愉快な思いをした。そして、日本人の総経理は中国で苦労しすぎて白髪が増え、随分と老けて見えた。

この総経理は「二度と中国企業と合弁はしたくない」と言っておられた。だが、もしもやむを得ず合弁を行う際には、多少でもマシにできる方法はあるのだろうか。これについては、図表3-2-1を参照されたい。

このことだけでなく、重要なことが更に二つある。一つは、こうした現実は中国に対する投資を妨げる要因となるため、このことが中国の経済成長にとって大なり小なり足かせとなることだ。中国が高度成長を謳歌した時期には相対的に小さい要因だったかもしれないが、今後ずっと継続する経済停滞のもとでは、こうした現実が無視できないものとなる可能性を指摘しなくてはならない。

そして、もう一つの重要事項は、こうした中国の現実が、改善したり、変化したりする可能性を感じさせる要素は、現在のところ望みが薄い。一党政治のもとでは、政府に近く権力のある側による専横がまかり通り、さらに司法による救済もまだまだ実現が難しいと思われるからだ。

〈事例3〉

中国撤退リスク
──経営状態による判断

唯来亜可亜企業管理咨詢（上海）有限公司
高田　勝巳

1993年に都市銀行の上海支店開設のために上海に駐在を始めて早23年、当初5年半は銀行員として、その後コンサルタントとして何百の企業の進出と撤退に立ち会ってきた。実は、中国での撤退は日本で言われるほど難しくない。

最初から合法経営していれば、合法的撤退も可能である。社員も最初から納得づくで、厳しくとも公正で人情味ある対応をしていれば揉めることはまずない。合弁解消も、日頃から十分コミュニケーションをとり信頼関係を構築していれば問題になることはなく、その後も老朋友として付き合い得る。そうした楽チンな撤退に関与するほうが多い。もちろん、債務はきちんと弁済する、弁済できない場合でも債権者の同意をとる、同意をとれなくとも清算の公示期間に訴えを起こされないことが前提であるが。

問題が生じる原因は、かかる経営をしてこなかった、または不十分であったこと考えて差し支えない。企業経営として当然のことを怠っただけのことだ。現地の経営者に対する統制が不十分で問題を起こされるケースも含まれる。それを中国という特殊要因のせいにするのは、担当者の無知か責任逃れだろう。悪徳コンサルタントがフィーを多く取るために大げさに大変と言っていることもあろう。

やむを得ないケースもある。法律の解釈があまりにもグレーな場合、撤退時の当局の対応が極めて恣意的なのはよくある話だ。また、中国の行政の管理レベルは年々高まっているので、昔なら問題にならなかったことが、最近では運用が強化される事例もある。従業員と上手くやってきたのに、従業員を扇動し騒ぎを起こす争議屋にやられることもある。

事前の調査、監査をせずに撤退を始めてしまうケースはこじれることが多い。様々な要因で潜在的リスクを抱える場合でも、撤退決定前から経験豊富な専門家に相談すれば、潜在的リスクを計算してリスクを最小化し、なるべく表面化しない方法を教えてくれる。社内にそうした人がいればベストだが、経験豊富な外部専門家を起用するほうが無難だ。

更には、合弁解消、撤退までのプロセスで中国側と十分相談し、意思疎通ができていればそうこじれることはない。撤退決定までに業績悪化などがあったはずで、その時に業績改善に向け胸襟を開いて対策を相談し、納得ずくの対応をとったのか否かが肝心である。

それでも業績が改善せず撤退になったとすれば、双方の感情のもつれなどで問題が大きくなることはまずない。トラブルになるケースでは、前段階でお互いが疑心暗鬼になり、相手に対する不信感を募らせて、中国側も撤退時に積もり積もったうさを晴らすということになってしまう。それを「一方的に中国側にしてやられた」「だから中国人は…」などと矮小化するは、担当者の責任逃れにはなっても、失敗から学ぶ機会を自ら放棄するに等しい。従業員とのトラブルも同様だ。

当局との関係も同じだ。たとえば、税務なら、日頃から担当官と相談できる関係を維持しておくのが大事である。グレーな問題でも、相談すれば当局の判断基準をこっそり教えてくれることもある。

撤退に伴う問題は、社内の要因によることも多い。社内の複雑な人間関係や、本社に事情が伝わっていないことによる場合もある。複雑骨折している撤退案件では、もう少し前段階で相談してもらえればとか、そもそも撤退しなくとも済んだのではと思えるケースもある。こじれると多大な時間とコストが掛かるが、日本ではそればかり紹介されるので、中国からの撤退は大変だという思い込みもあろう。だが、撤退も人生やビジネス一般と同様、やり方次第で簡単にも複雑にもなり得るのだ。

事前の調査・監査で、潜在的リスクがあまりに大きいと判断されることもあり得る。払うべきものを払っていないとか、法令違反により多額の罰金などを徴収されるリスクがあるなど場合である。その額が日本の本社が負える限度を超えた場合も当然あり、本社は生きるか死ぬかの選択を迫られることもある。中国でも株式会社は有限責任なので株主は債務の責は負わないが、自社の子会社を破産させるとレピュテーションに大打撃があるので、普通は債務を弁済して撤退する。だが、中小企業には夜逃げ同然の事例もまれにはある。よく耳にする香港、台湾、韓国の中小企業の夜逃げほど頻繁ではないのが、日本人としては救いである。中国において日本人の信用力は高い。だからこそ、撤退も綺麗であって欲しい。

セミナーで撤退事例の紹介を求められるが、他社事例を勉強してもトラブルを起こす企業は起こす。コンサルタントには自分をアピールする良い機会だが、聞く側のご利益は限定的だ。他社事例の研究に時間を使うより、（今すぐ撤退するつもりはなくとも）自社の経営状態が健全か否かをチェックするのに時間を使うほうがよい。万が一撤退する場合のトラブルを未然に防ぐことができるかもしれないし、それにより経営状態が改善して撤退する必要がなくなるかもしれない。

とは言え、長い間には私でも驚く案件がある。最近、法人売却により撤退しようとしたら、厚遇を享受している現地幹部の抵抗でなかなか撤退できなかった事例がある。2年間に何度か売却の直前まで行ったのに、何故か最後でダメになる。私は3ヵ月で売却契約締結に成功したが、苦労したのはその後の経営移管と登記の変更である。何かと現地幹部らに抵抗され手続が進まないのだ。これまで破格の待遇を得てきた美味しい職場を失いたくないのだと理解した。これは、日本企業なら断念したかもしれない案件だが、腹の据わった中国の起業家が買ったので良かった。彼は普通の経営をすれば普通に儲かると判断した。何をされても最後まで粘り強く戦って移管と登記の手続を貫徹した。今は幹部たちも抵抗を諦め、この経営者と同じ立場で経営の立て直しに力を入れている。売った方、買った方、従業員の三方にとってWIN‐WIN‐WINになった良い案件になった。

最後に、撤退には器量と度量も必要だと申し上げたい。撤退リスクを極小化しようとして、却ってこじらせてしまうケースもある。担当者が一社員としての個人のリスクを避けようとするあまり、全体が見えなくなり、石橋を叩いて石橋を壊してしまうケースもある。撤退は微妙な判断の連続なので、会社も一担当者、一責任者にリスクを丸投げせず、社長・役員以下一丸となって対応することが重要だ。詰めに詰めても隘路に陥った場合、それを突破するのが社長、役員、リーダーの役割なのだから。

〈事例4〉
中国事業リポジショニングの重要性

株式会社KPMG FAS
舟橋　宏和

リポジショニング（再検討）。中国で事業活動を行う日本企業に必要なアクションは、この言葉に集約できる。

２０１１年まで効率を度外視したリソースの投入（人海戦術）で高度成長を約20年間継続した中国も、２０１２年からはリーマンショックの影響、４兆元経済政策の悪影響により急減速を余儀なくされている。かかる環境下で多くの日系企業が撤退を検討中との報道もあるが、現地で日系企業や日系ジョイント・ベンチャー（ＪＶ）にサービスを提供しているＫＰＭＧ中国のグローバル・ジャパニーズ・プラクティス中国総代表の高部一郎は、「世界経済が大きく変化している中、日本企業にとっての中国は、生産拠点としては人件費の高騰等により以前ほどの魅力はないものの、圧倒的な人口を背景とした消費地としては世界の中でも最重要国の一つであることは間違いない。したがって、多くの日本企業にとって中国を抜きにして今後の成長を語ることは難しく、完全撤退を真剣に考えている日本企業はほとんどないだろう。」と指摘する。

実際、弊社にも日本の本社からの相談が非常に増えてきている。中国は無視できないマーケットではあるものの、現在は赤字体質に陥っているため、コスト削減、生産拠点の再編、一部の子会社の清算も視野に入れて検討している企業が多く、図表3-4-1にある通り、リポジショニングのオプションに関するシミュレーションを行ってクライアントの意思決定をサポートするケースが多い。

かつてのブーム時に日本企業が中国市場に参入する際、独資ではなく、中国企業（中方）とのＪＶを選択するケースが主だったため、現在もその形態が多い。ＪＶのメリットとして、中方の土地・設備、流通・販売ネットワーク、人材の活用、また中央政府や地方政府との円滑なプロセスが期待できる点などが挙げられていた。一方で、中方の不採算部門を押し付けられるなどのデメリットや、中方への技術流出、中方の出向者が財務担当となった場合に財務情報や管理状況が見えにくくなることなどが注意すべき点として挙げられていた。

このような経緯で、リポジショニングのオプションを持分（出資割合）という観点からみると、①先方の持分を買い取る、②現状維持、③持分を売却する、の三つのパターンが

図表3-4-1　中国事業リポジショニング

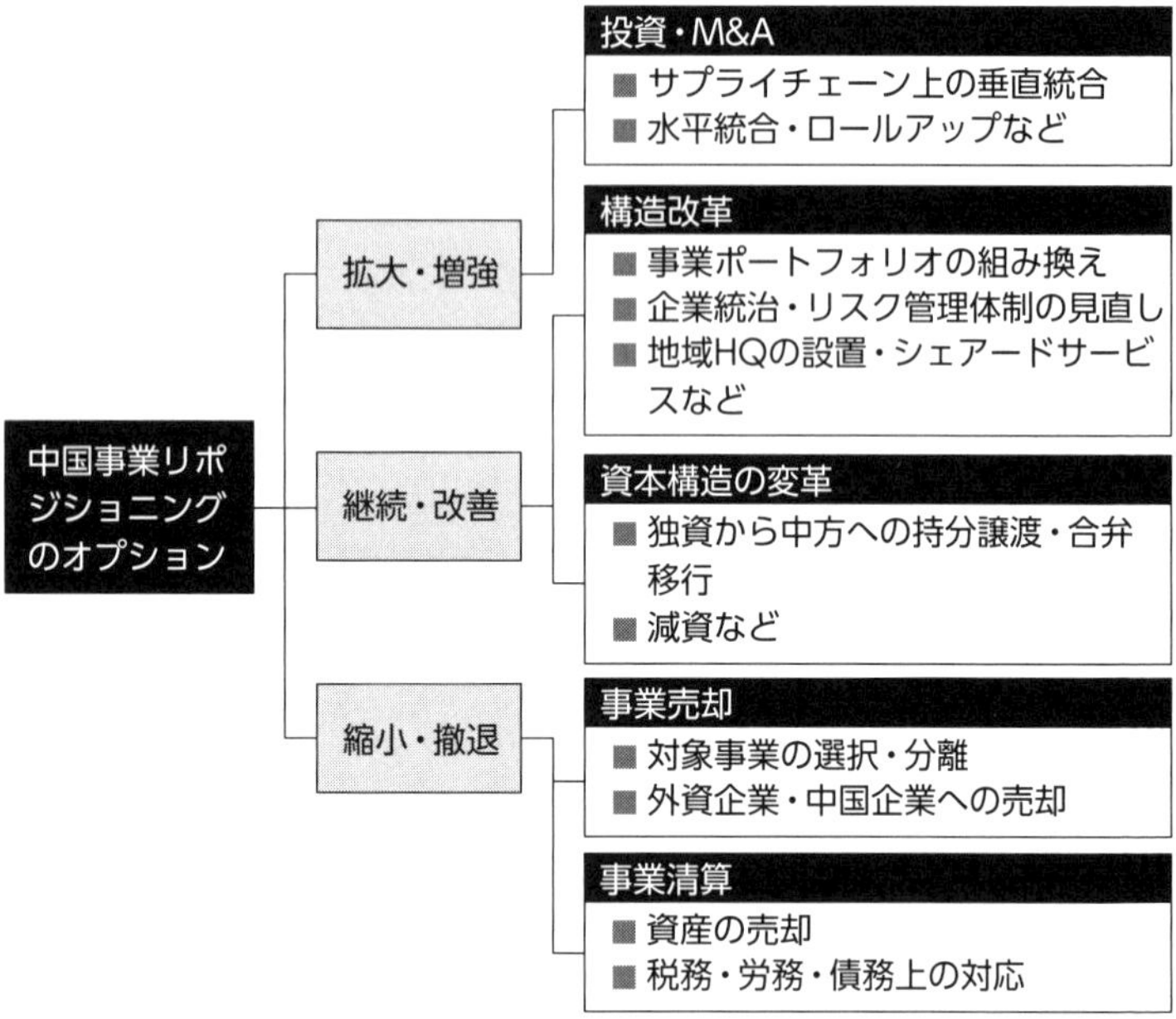

ある。なお、持分は一つの切り口にすぎず、それ以外にもガバナンス体制やJVパートナー（JVの株主）の役割の見直し、更にはJVそのものの経営戦略の見直しも通常不可欠であることから、複眼的検討が必要であることは論を俟たない。

　持分の変動という視点に戻ると、前述①の場合、独資化で意思決定スピードを加速させることが可能となる。ただし、買い取る際には相応の対価を要求されるため、独資化のメリットと通常の評価額よりも多く支払うプレミアム額を比較して妥当性を検討することが重要となる。同時に、日本本社のモニタリングによる盤石な体制の構築も合わせて必要となる点に注意が必要である。

②の場合には、ＪＶ単独で経営改善を進める必要があるため、中方と歩調を合わせて、ＪＶが窮境に陥った原因を特定し、それを除去するための戦略及び施策を策定することが必要となる。通常の事業再生プロセスではあるものの、自社とＪＶパートナーがそれぞれ異なる経営戦略・企業文化を持っているため、自社のみで進めるケースよりも時間と手間が余計にかかる点がＪＶ特有の難しさと言えるであろう。

③の場合には、譲渡価額の合意に至るまでのプロセスが重要となる。評価方法（コストアプローチかインカムアプローチか等）、譲渡対価の支払い条件（一括払いか分割払いか）、対価以外の条件の有無など、複数の要素が絡み合って合意に至るケースが多い。また、譲渡によってリスクを遮断し、次の事業に注力するための時間を買うメリットをどの程度評価するかを見極めることも重要である。希望に近い価格での譲渡を実現するためには、中方と日本企業の双方が成果を共有できる合意点を導き出し、円満合意につなげる高度な交渉力が成否を分けることになる。中方との交渉経験が浅い企業の場合には、外部専門家の活用が極めて有効な場合が多い。

いずれの場合も、ベースとなる計画（ベースライン）の確認からスタートすべきである。ベースラインとは、現在の外部環境・内部環境を分析した上で、現状の戦略を継続すると仮定した時の事業計画数値のことである。その策定を事業部や中国の担当者だけに任せてしまうと、自己否定をしづらいため、楽観的な外部環境を前提とした実現可能性の低いバラ色のV字回復計画が提出されやすい。

したがって、中国事業のリポジショニングでは、本社が主体的に働きかけて中国及び日本（場合によっては他国も含む）の関連部署を巻き込み、中国市場の市場規模や今後の成長性だけではなくグローバルな観点で見た中国市場の重要性等も勘案して、客観的な前提条件を基にベースラインを策定することが肝要となる。また、JVの場合には、設立時のJV契約書に持分の譲渡に関する様々な条件・制約・権利（たとえば、持分の譲渡制限、先買権〈First Refusal Right〉、第三者に持分を売却する時にほかの株主も当該第三者に同条件で売らせることができる権利〈Drag Alone Right〉等）を設けているケースが多いので、それらの内容を確認した上で実現可能性のある選択肢を検討する必要がある。そして、各選択肢のメリット、計画の蓋然性、リスクなどを分析し、定量的及び定性的な要因を勘案した経営判断が必要である。

〈事例５〉

タイ・意外に厳しい外資規制

長島・大野・常松法律事務所
佐々木　将平

●意外に厳しいタイの外資規制

「この輸入販売による売上は、外国人事業法違反です。」日系自動車部品メーカーA社がタイ工場の操業を開始して半年後、会計監査に訪れた会計士が指摘した。

A社は、顧客である一次サプライヤーB社からの要請で、B社の工場のあるタイに工場を建設した。A社にとって初の海外進出で、地元コンサル会社のサポートを受け、会社設立、工場建設を終え、生産を開始した。B社からの受注も順調に増え、日本で納入している高品質の部品の発注も入ってきた。そこで、A社はタイでの製造販売に加えて、日本の本社が製造した部品の輸入販売も開始した。

ところが、会計士の見解によると輸入販売は、タイ資本との合弁にするか、1億バーツ（約3・3億円）増資しないとできないという。工場建設に資金を使ったばかりで多額の増資は無理だ。コンサル会社は、タイ投資委員会（ＢＯＩ）の投資奨励制度を利用すれば独資で進出が可能だと言っていたのだが…。

ＢＯＩの投資奨励制度を利用すれば独資が可能という理解は、必ずしも間違いではない。だが、その対象は投資奨励の許認可を得た事業のみで、その後に開始した別の事業には及ばない。Ａ社が許認可を受けたのは製造販売事業で、外資の参入が規制されている輸入販売事業を開始することは違法だったのだ。

この他にも、タイの外資規制には意外な落とし穴が多い。たとえば、受託製造やＯＥＭ生産は、顧客が指定する仕様に合わせて生産を行うサービス業に該当すると解釈されており、「製造業」（外資１００％での運営が認められる）には含まれない。また、販売後の保守・修理は製造業の一環ながら、一定の場合には外資の参入が制限される。貸付行為も外資規制の対象であるため、グループ会社間の貸付実行にも許認可の取得が必要となる。

こうした認識不足のために知らずして法律違反を犯している企業は少なくない。Ａ社のように、進出当初は外資規制を遵守していたのに、事業拡大の過程で法的確認を怠り、違法状態に陥った例も散見される。

●ノミニーの利用によるトラブル事例

外資規制との関係でトラブルになることが多いのは、名義株主（ノミニー）の利用だ。タイ資本がマジョリティの合弁会社には外資規制は適用されないため、タイ人の名義だけを借りて株主として登録することにより、外資規制の適用を回避するというものである。タイでは散見される手法ではあるが、かかる名義株主（ノミニー）を利用することは違法である上に、ノミニーとの間でトラブルになる例も後を絶たない。

たとえば、信頼できると思ってノミニーになってもらったタイ人が、後になって、（出資金を負担していないにもかかわらず）自らは真正な株主であるとの主張を始めることもある。それまでサイレントパートナーであったノミニーが「物言う株主」に豹変して、配当要求、時価での株式買取要求、株主総会における議決権行使など、株主としての権利を主張し始めるのだ。当該株主は単なるノミニーであるからそのような株主としての権利はないと反論したいところだが、外資規制に違反する違法行為を自認することに等しく、正面からそのような反論をすることは難しい。

また、ノミニーになってもらった人物は信頼できたとしても、その人物が亡くなった後に現れた相続人が、真正な株主としての権利を主張してくることもあり得る。ノミニーの財務状況が悪化して破産したという実例も目にしたことがあるが、破産管財人から真正な株主としての権利を主張された場合に反論することは容易ではないであろう。

ノミニーの利用は外資規制を回避できる一見魅力的な選択肢だが、安易に飛びつくべきではない。タイでの事業を長期的に成功に導くためには、より安定的な方法を検討すべきだ。

図表3-5-1　在タイ日系企業が見落としがちな外資規制対象業務

- 輸入販売業務
- 受託製造及びOEM製造
- アフターサービス及びメンテナンス
- ローン提供及び保証担保提供
- 土地建物の賃貸

●トラブルを回避するために専門家の正しい利用を

新興国では法律の内容や運用が曖昧であることも多く、ノミニーの利用のように違法・脱法的な手法が公然と利用されていることも少なくない。しかし、よく行われている手法が実は重大なリスクを秘めていることも少なくない。リスクを正確に把握分析した上で、判断することが重要だ。

コンサル会社のアドバイスが正しいこともあるが、法的根拠の説明が不十分なこともあるし、中には悪質な業者もいる。「これが取引慣行です」という説明に対しては、「その法的根拠は何か」「異なる解釈の可能性は無いか」を質問して、答えを明らかにすべきだ。弁護士などの確実な専門家を利用した情報収集や法的検討を怠ってはならない。

タイの弁護士制度が日本とは違うことにも注意が必要である。タイでは、弁護士資格がない者が法律のアドバイスを行うことは違法ではない（日本では法律助言業務は弁護士の独占業務だが、諸外国の法制度は必ずしも日本と同じではない）。依頼者の代理人として法廷に立つためには、資格試験に合格して弁護士資格を取得する必要があるが、その資格試験もそれほど難しいものではないようである。実際、法廷弁護士の資格を有する者の人数は5万人（日本の約1・5倍）を超えるが、語学（英語又は日本語）が堪能で、優秀かつ経験豊富な弁護士は限られる。評判の確かな法律事務所等で経験を積んだ優秀な弁護士を見つけると共に、自らでも法的根拠を確認する努力を怠らないことが重要である。

〈事例6〉

タイでの登記手続、合弁契約リスク

西澤綜合法律事務所
西澤　滋史

タイに進出する日系企業のサポートを専門とする弁護士として、10年以上にわたり様々な紛争の解決に当たってきた。タイ人を相手にするものだけでなく、日本人を相手にすることも多い。特に、現地日系企業の代表者である日本人が問題を起こし、紛争の原因となるケースは非常に多い。

日本の本社が、放漫経営をしているタイの現地子会社の社長を交代させる意思決定をしたケースでは、タイでやりたい放題をしてきた本人が自ら辞めようとしないため紛争となり、私が本社の代理人として株主総会を開催し、現地の社長に解任を迫ることとなった。

しかし、その際、日本人社長の抵抗もさることながら、タイ特有の登記手続も解決しなければならない問題となった。株主総会そのものは、日本の本社が株式の大半を保有しているため多少の抵抗は予想されたものの、問題なく進められた。だが、タイでは新しい代表者の登記手続は新しい代表者が行うことができず、すでに登記されている代表取締役に登記手続をしてもらう必要があるため、手続を進めるのに支障が生じる可能性が出てきた。

当然、意志に反して解任された旧代表取締役は協力してくれないため、ほかに登記されている代表取締役がいないかを調べてみたところ、何十年か前に会社の設立に協力したタイ人の株主の一人が、代表取締役として登記に残っていたことがわかった。そのタイ人の所在を関係者に電話をかけたり、登記されている住所に手紙を出したりして探し出したところ、ラオスのヴィエンチャンにいることが判明した。そこで、急遽、ヴィエンチャンまで当人に会いに行き、登記書類に署名をしてもらってなんとか登記を完了した。

こうした事情があるので、日本企業がタイに現地法人を設立する際には、現地の代表者以外に、本社の取締役等が現地の代表者を兼任するなど、代表者を複数名選任することを強く勧めている。

この事案は現地法人の新代表者登記手続に関するものであるが、これ以外の事項も含め、会社運営の根幹にかかわる部分では、どのような事態となっても手詰まりを回避できるような制度設計を行うことは絶対に重要である。

それにもかかわらず、日系企業の常として、日常的な業務運営についてばかり重きを置くあまり、代表者の交代なども含む様々な事態まで意識していることは少ないので、注意が必要である。

他方で、あまりにも慎重になりすぎて、石橋を叩いて叩いて、結局渡らないというような企業も多くみられる。

タイ現地企業と出資して合弁会社を設立するための合弁契約において、現地企業に合弁会社を牛耳られてしまわないように、制度設計について慎重に判断することは、前述のとおり重要なことである。しかしながら、他方で、合理的な範囲で譲歩をすることも必要ではある。

合弁契約において、最後に（そして意外と頻繁に）揉める事項として、紛争解決機関に関する合意がある。万が一、当事者間で紛争となってしまった場合に、どのようにして解決するかという規定である。タイ側当事者は、タイの裁判所または仲裁機関による解決を主張するのに対し、日本側の当事者は、日本の裁判所または仲裁機関による解決を主張することが多い。両者とも、ホームグラウンドでの戦いを望むわけである。両者が一歩も譲らないために、第三国の仲裁機関とする譲歩案が出る場合も多い。

しかし、タイ国内に会社を設立する合弁契約に限っては、私はあまりこの点に拘る意味はないと考える。なぜなら、タイ国内で会社を設立する以上、その会社は、タイの会社に関する法律（タイ民商法典のリミテッド・カンパニーに関する規定）の適用を受けざるを得ない。したがって、その会社の運営に関しては別途の契約で合意するとしても、タイ民商法の規定を前提とせざるを得ないため、必然的に合弁契約を解釈する上で適用される法律もタイ法とならざるを得ない。

タイ法を準拠法としておきながら、紛争解決機関を日本の裁判所としたり、日本を仲裁地としたりすることも可能ではあるが、その場合には様々な不都合が生じる。例えば、日本の裁判所では、タイ法について裁判官は知識がないので、その点の説明に時間と労力がかからざるを得ない。さらに、仮に時間と労力をかけて勝ち取ったとしても、日本の裁判所の判決はタイでは執行することが出来ないので、タイ側当事者からの損害賠償の回収は出来ないことになる。

仲裁判断でも、同様の問題が生じる。まず、同様にタイ法に精通した仲裁人をタイ国外で確保することは困難である。また、執行についても、大いに問題がある。以前に私が関わった案件でも、仲裁判断についてタイの裁判所で承認を受けようとしたところ、タイの裁判所は、本来、手続面に限って判断をすべきであるにもかかわらず、仲裁判断の内容に実質的に立ち入って判断し、上級審に於いて、仲裁判断が変更されたケースがあった。これでは、同じ裁判を二度するのとあまり変わらない結果となってしまう。

したがって、タイで合弁会社を設立する契約に関しては、紛争解決機関にはあまり拘っても意味はなく、シンプルに、タイ国内の管轄裁判所とするだけでよいと私は考える。ところが、日本の会社としては、形式的な平等性に拘ったり、タイで裁判を行うことへの心理的な拒絶反応から、この点について妥協をせず、極端な場合、紛争解決機関について合意ができないために合弁契約を締結しない、という判断をしてしまうケースも散見される。

それぞれの当事者が譲り合う部分があるので契約は成立するのであるから、リスクを恐れるあまりに、すべての部分で頑なになることは、海外進出の貴重な機会を逸することにつながりかねない。

このような判断は、バランス感覚の問われるものであり、日本人の苦手な分野と思われるが、真のグローバル化のためには必要不可欠な感覚と思われる。

〈事例7〉
タイの追徴課税

タレンテックス
越　陽二郎

私はタイでＩＴ企業を経営しているが、経営コンサルティング会社の出身であるため、現在も日本の政府機関や上場企業の依頼でタイ進出関連の支援やアドバイスを行うことがあり、また他の専門家からも様々な事案をお聞きすることも多い。その中から、ここでは今後も増えると見られる追徴課税の事案を紹介したい。

●タイ人副社長による横流し

Ｘ社は大手自動車部品メーカーのタイ現地法人で、外資導入促進のための恩典の一つである「原材料輸入関税の免除措置」をＢＯＩ（タイ投資委員会）から受けていたが、突然、多額の追徴課税を受ける事態となった。

原因はタイ人副社長Ｙによる輸入原材料の横流しだった。タイ国内での加工後に輸出するからこそ輸入関税を免除される原材料であるから、当然、適正な在庫管理とＢＯＩへの報告が義務づけられている。そのためＹは横流しによる不足分についてつじつまを合わせ

図表3-7-1　今後のタイの日系企業が税務トラブルに巻き込まれないために

1.	景気後退やTPP、AECによる当局の徴税強化を『想定内』に置くべき
2.	普段から担当官と密に連絡を取り、信頼関係を構築し、疑問点は事前に相談
3.	関税率など法律で定められているものでも、細かく文書で確認しておく
4.	踏み込まれた場合は、指示に従うほうが無難。ほぼ確実に証拠は押さえられているから。

ようとして、トラックによる隣国への架空輸出を行った。カラのトラックを何台も陸路で隣国へ送り、国境のZ税関から輸出証明書を取得。そのうえでBOIへも報告し、完全犯罪は成立したかに見えた。

だが、税関監査官は優秀だった。当局は全取引をオンラインで個社別に閲覧できるので、監査官はX社が普段と異なり陸路を使ったことに気づき、Z税関に連絡して通関時の車両重量実績を取り寄せ、コンテナがカラだった証拠をつかんだ。

税関に踏み込まれたX社は重加算税（関税差額の倍額）と延滞税を含む数億バーツ（1バーツは約3円）の追徴課税を受け、同社タイ事業の歴史で最大の被害額となった。

●増える摘発事例—その背景には当局の徴税強化！

こうした摘発事例は増えている。その背景には、もちろん、投資優遇税制を活用する日系企業は引き続き増加傾向であることがある。しかし、それ以上に重大なことがある。それは、今後のＡＥＣ（ＡＳＥＡＮ経済共同体）やＴＰＰなどによる税収減が見込まれるため、タイ政府は税関にも他の徴税当局にも徴税強化（！）を強く指示していることである。足元では、中国経済の失速に伴う景気後退で税収が減少する懸念が高まっていることが、これに拍車をかける。

こうした事情は、タイだけの問題であるはずがない。アジアの他の国でも同様だろう。アジア・ビジネスに大きなリスク・ファクターが生じていることを、関係者は強く認識するべきである。

タイで多数の税務トラブルに関わってきた東洋ビジネスサービス株式会社は「故意か過失など、程度の差はあれ、当社が関わった案件のすべては、日系企業の側に非や落ち度があった」と言う。これまでは、そうした非や落ち度によるリスクが顕在化しないで済んだかもしれないが、今後は全く違った事態になりかねない。

●社内コンプライアンスにも新しい事態

Ｘ社の話は前記にとどまらなかった。Ｘ社には、多額の追徴課税のみならず、関税免除措置の剥奪、タイ法人の営業停止、タイ法人の日本人社長逮捕の可能性も浮上するという事態にまで発展したのだ。最悪の場合には、親会社の株価急落、更には突然の倒産に至り

図表3-7-2　今後のタイの日系企業が経営トラブルに巻き込まれないために

1.	日常業務の表面的安穏に慢心せず、潜在的リスクを意識的に排除する
2.	社内の不正防止策、一人への権限集中の回避、内部牽制・コンプライアンス体制の構築
3.	経営幹部である日本人駐在員の、経営職としての自覚を徹底する
4.	海外拠点を経営するエース人材の投入を積極的に行う

得る深刻な事態だった。

それを招いた根本的、本質的な原因は、何であったのか。それは、コンプライアンス不備という社内要因だった。

事件の原因はタイ人副社長Yによる輸入原材料の横流しだったが、何十台ものトラックをカラ輸送するという大掛かりな隠蔽策が、なぜ日本人幹部や本社に知られずしてできたのか。X社は〝現地化〟という「美名」のもとに裁量権の全てを社歴の長いYに与え、日本人駐在員は日常実務の実態を把握していなかったのだ。いわば放漫経営である。

なぜそうなったのか。日本人駐在員は現地では経営職であるのに、本社では中間管理職や技術専門家であるため、〝経営者〟としての意識・自覚が低いことがある。経営姿勢が他人ごと気分で、コンプライアンス体制もなく、現法は事実上の経営不在となる。そのため、こうした社内不正が実は珍しくない。

しかも、日系企業は駐在員を減らす傾向にある。エース級人材を投入することも一層困難になっているという。一方で、タイでの事業歴が長くなると〝はき違えた現地化〟が生じ、事故も起こりやすくなる。そうした日系企業は多い。

日本人・タイ人双方を対象とした相互チェック、内部牽制の仕組みは必須である。現地化とは「任せること」ではなく「一緒に経営」することだ。何事も一人の個人に任せてはいけない。「通常業務は問題なく回っている」という日常に安心せず、潜在的に燻るリスクを認識し、大事に至る前に排除する実務が肝心だ。真実を直視する勇気と、リスクがまだ潜在状態のうちに対策を講じる先見力が命だ。

前述の東洋ビジネスサービス株式会社は、経営幹部駐在員のあり方に警鐘を鳴らす。「タイで経営幹部となる駐在員は（日本本社では中間管理職や技術者であったとしても）、経営者としての最低限のマネジメント研修は必須。特に、知識よりも、自分が経営責任者だという意識を持たせることが重要。」

X社は関係者の努力もあり、不正の根元は副社長だけだったと認定され、追徴課税以外の罰則は免れた。だが、問題の根源を断たねばリスクは残る。地雷のようなものだ。焦眉の課題となっている日系企業の現地経営レベル向上とトラブル回避を切に願う。

〈事例8〉

インドネシア
―将来のリスクを見据えた合弁契約の締結を

長島・大野・常松法律事務所パートナー
福井　信雄

「インドネシアの合弁パートナーから損害賠償の訴えを起こされそうだ。」という日本企業からの相談を受けた。話を聞いてみると、インドネシア企業と合弁会社を設立したものの、業績が思うように伸びず、その合弁会社はこれまで一度も配当を出したことがなかった。日本企業側が過半数を保有して経営の実権を握っていたことから、日本企業側の経営責任を追及するということのようであった。日本ではなかなかお目にかからない要求であるが、インドネシアでは合弁相手とのこの種の紛争は珍しくない。

インドネシアではいまだにルピア建ての銀行預金の金利が年7～8％という高水準にある。預けるだけでこれだけのリターンがあるのだから、事業投資や株式投資なら、15～20％程度のリターンが得られるだろうというのがインドネシアで共有されている感覚である。ましてや日本企業との合弁事業であれば、確実に儲かる投資という「期待」と「誤解」を持たれる場合も少なくない。このような「誤解」を解かないまま合弁事業を始めると、将来その認識の不一致が顕在化し合弁会社の運営自体に支障を来すという事態が生じかねない。

現地企業と合弁会社を立ち上げる場合、インドネシアにおいてもまずは合弁契約を締結するのが一般的であるが、この合弁契約をめぐる交渉の場こそが、当事者の認識を一にするための絶好の機会なのである。ここで、経営・事業に関する基本的な方針についてお互いの考え方を徹底的に話し合い理解し合うことが決定的に重要である。そこで理解し合えれば、合弁契約に規定する条項、すなわち具体的な機関設計や、権限分配、株主間での協議事項等についてもその論理的な帰結として自ずと合意に至ることができるものであろう。

合弁パートナーの真意を掴めたことで、お互いに理解し合え、その後の合弁契約の交渉を有利に進めることができた事例を紹介しよう。その件では、日本企業が75%、インドネシア企業が25%という出資割合で合弁会社を設立し、日本企業側が経営のコントロールを握ることで大枠の合意がなされていた。ところが、交渉の過程で、日本企業側が合弁会社の代表取締役の指名権を持つことには同意するが、代表コミサリスについては自分たちに指名権を持たせて欲しいという要求がインドネシア企業側からなされた。「コミサリス」というのは日本人には聞き慣れない役職であるが、取締役・取締役会の業務執行を監督

図表3-8-1　インドネシア企業との合弁契約で問題になりやすい論点

- 役員の選任権及び人数
- 追加資金調達時の追加出資義務の範囲
- 少数株主の拒否権（全会一致決議事項）の範囲
- デッドロック時の解消方法
- 配当政策

し、助言を与えるインドネシアの株式会社の機関である。日本の株式会社における監査役に近い性質を有するが、取締役・取締役会の業務内容の適法性だけでなく、妥当性についても監督・助言ができる点において、より広範な役割と権限が制度上付与されている。会社の定款の規定次第では、コミサリスに経営に対する実質的な拒否権や一定のコントロールを持たせることが可能になるため、代表コミサリスの指名権を要求されると、こちらとしては反射的に身構えてしまうものである。

このような場合、仮にその要求が当初の大枠の合意に含まれていないものであっても、それを理由に即座に拒絶するような交渉態度は望ましくない。交渉の過程で、後出しじゃんけんのような当初の合意にはなかった要求が次々と出されることはアジアの新興国での契約交渉では珍しくない。過剰な拒否反応は控え、なぜそのような要求がそのタイミングでなされたのか、冷静に対話を続けることで相手の真意を読み解くことが重要である。その件では、よく話を聞いてみれば、合弁会社の経営に対してコントロールを確保したいということではなく、一種の名誉職としてそのような地位が欲しいというのがインドネシア企業側の真意であった。インドネシアの企業が日本企業の合弁パートナーに選ばれることは企業としての信用力の証であり、またその合弁会社で代表コミサリスに就くということは一種のステータスといった受け止め方をされているというのである。相手方の意図が腑に落ちた日本企業側は、その後、代表コミサリスのポストを相手側に譲ることを受け入れ（代表取締役と異なり、代表コミサリスの権限を有名無実化することは実は容易なのである。）、その代わりに、より実質的に重要な条件については全面的にこちらの意向を通すことができ、双方が納得し満足のいく内容で合弁契約の締結に至ったのである。このような交渉を進めるに際しては、現地法制度に対する理解だけではなく、インドネシア企業の交渉態度やインドネシア人の実務感覚など、現地の法実務に精通した弁護士やアドバイザーの助力が不可欠である。

これに対して、先述した配当を巡る紛争については、合弁会社の立ち上げ当初から双方の認識にズレが見られた。一般的に日本企業側は将来の投資に回せるよう余剰資金を内部留保しておきたいと考える傾向が強いのに対して、インドネシア企業側は毎年の一定の配当利回りを期待する傾向が強い。これはまさに合弁事業に対する考え方や目的、スタンスの相違に起因するものである。事前に経営・事業に対する方針について認識を共有し、お互いが合弁事業に対して求めるものを相互に満たすことができていれば、このような紛争も避けられた可能性が高い。外国で合弁事業を立ち上げる際の最大のリスク要因は合弁パートナーであることを肝に銘じ、合弁事業の立ち上げ及び合弁契約の締結に際しては、現地パートナーとの協議にかける労を惜しんではならない。

〈事例9〉

インドネシア進出企業のマネジメント
――事務系管理職の確保が課題

KPMGジャパン
石渡　久剛

2010年から5%超える経済成長を続けてきたインドネシアであるが、投資ラッシュも一巡し、景気は踊り場を迎えている。しかし、国家予算は引き続き高い成長率を前提に組まれており、税収不足が深刻化。そのため税務調査官には高い徴税目標が課せられ、税務調査はよりアグレッシブになっている。

特に景気後退局面では税の還付請求に伴う税務調査が避けられないので、細心の注意が必要である。インドネシアでは輸入時の法人税前払制度や前年度の税額に基づく月次予納制度があり、業績が悪化すると確定申告で還付ポジションとなることが多い。そして税務調査が行われた後でなければ還付金が戻らない仕組みとなっている。

多数の還付請求のため税務調査件数が増加しているが、調査官は一年以内に査定書を発行しなければならない。そのため、期限間近に税務調査がスタートし、十分な時間も与えられないまま、要求した資料が提出されないという理由で多額の更正を受けることも少なくない。また税務調査の遡及期間は5年であり、還付請求していない期間に波及することもある。調査対象年度が事前に通知されるとはいえ、過去の売上訂正や工場建設時の契約書など多岐にわたる膨大な資料を短期間で準備するためには日頃の十分な管理が欠かせない。

また近年ではグループ会社間の取引価格、すなわち移転価格に関する更正金額が増加している。移転価格が妥当であることを示すためには移転価格文書を準備する必要があるが、せっかく移転価格文書を作成していても会社自身が内容を十分理解していないため調査官の質問に対応できず、選定した移転価格算定方法が否定されたり、当局にとって都合のよい比較対象企業を持ち出して課税所得が見直されることも珍しくない。

もちろん、調査結果に不服がある場合は異議申し立て、税務裁判へ進む方法があるが、前述の状況であるため最近は税務裁判の件数も増加しており、結審までに3年以上かかることも珍しくない。費用対効果の観点から泣く泣く税務当局の主張を受け入れることも考えられるが、一旦同意すると翌年度以降も同様の指摘を受け入れざるを得なくなるため、安易な妥協は禁物である。したがって、税務調査の時点でいかに更正金額を少なくするかがポイントであり、そのためには調査官と対峙する優秀な経理マネジャーの存在が欠かせない。

ところが、インドネシアでは出資者となるお金持ちと製造ラインで働く労働者は豊富だが、マネジャークラス、いわゆる中間管理職としてマネジメントの手足となって働ける人材は極端に少ない。そうであれば、有能な人材を引き留めるための対策を講じるべきであるが、どれほどの企業がこの問題に真剣に取り組んでいるであろうか。

技術系社員であれば本社工場での短期研修に招いたり、親会社の技術者を現地に派遣して教育するなど、彼ら自身のキャリアプランを意識した対策をとる企業も近年では増加している。しかし、事務系社員にどのようなインセンティブを与えるべきか、明確なビジョンを持った企業は非常に少ない。彼らは頑張っても最高財務責任者（ＣＦＯ）になれる見込みはまずない。そのため給与で差別化するしか手立てがないが、日系企業は近隣の会社とのバランスを重視するため横並びの待遇しか提示できず、結果として有能な人材をみすみす手放していることも多い。

もちろん本社サイドの問題もある。「締め切りまでに提出しなさい」といった指示をするだけで、「なぜやらなければいけないのか？」「やることによって、どのようなメリットがあるのか？」という背景や目的を明確に説明しているケースは少ない。また移転価格に関して言えば、単に取引価格やロイヤルティ料率を現地法人に伝えるだけで、価格決定メカニズムにまで踏み込んで説明しているケースは皆無に等しい。「こうすればもっと効率

図表3-9-1　日本とインドネシアの就学率（2014年）

	日本	インドネシア
小学校	99.9%	93.5%
中学校		80.7%
高等学校	98.4%	57.1%
大学	51.5%	28.5%

出典：文部科学統計要覧（平成25年版）、Indonesia Educational Statistics (2014/2015)

化できる」といったアドバイスや「このようにして価格を決定している」と説明することで経営に関与しているという意識を持たせることができれば、インドネシア人社員のモチベーションも上がると思うのだが。

品質向上の施策として設備投資をするのと同様に、税務・労務管理の高度化の施策として事務系人材に投資することを考える時期に来ているのではないだろうか。

〈事例10〉

インドネシアの「甘い話」と日本企業
──バリ島のリゾート開発のヨタ話

グレース・トラスト合同会社
アリ・ウィドド（Ari Widodo）

●「怪しい話に違いないから、率直に言ってやってください」

国際金融市場で活躍されてきたJ氏から「怪しい話に違いないから、率直に言ってやってください」と紹介されたのは、某県の大手不動産保有企業A社を経営するA氏。ご相談の内容は、インドネシアのバリ島におけるリゾート開発案件だった。

「バリに会社を作り、開発許可を取得するよう粘り強く頑張ります。人間はチャレンジが重要ですから。」とA氏は意気軒高だった。A氏が受け取っていた資料は、カラー写真などが体裁よく使われていたが、実務的な意味がないポンチ絵に過ぎず、詐欺師や三流の人物によくあるスタイル、つまり「バラ色っぽいことを並べて、その気にさせることを狙っているが、リスク・プロファイルの分析が無い（または不十分）」というものであった。

●きちんと調査すれば、たちまち実態が判明

A氏に本件を持ち込んだのはBというバリ島に住む日本人で、Bの知人だというC（地元民）が所有する土地を使ってリゾート開発を行うというものであった。

だが、少し調べると、その土地が道路に面していないことがわかった。Cの親類が所有する周辺の土地を経由しないと、道路に出られないのだ。しかも、驚いたことにCは「この土地は自分のものだ」と言っていたものの実はそうではなかった。途中で「これは自分の親の土地だ」と言い始めたが、その登記もなかった。また、村長が道路設置を約束しているということも、口約束だけで書類はなかった。（口約束すらなかったという可能性もあり得た）

●登記制度の信頼性が不十分だと、「本当の権利者」が誰なのかわからない

大多数の途上国では、不動産登記制度に十分な信頼性がない。この点は、日本とはまったく違うことを読者の全員に知ってほしい。登記に信頼性がないということは、「本当の権利者がわからない」ということなのだ。日本企業が土地関係の契約をして金を支払ったものの、相手は本当の権利者ではないことが途上国ではよくある。登記で確認できないから、騙されるのだ。権利証の偽造が横行している国も多い。

本件では、私はまず登記を調査し、そのうえで権利証が偽造か否かも確認するつもりだった。たとえ権利証が本物であっても、土地庁に問い合わせて二重登記の係争などがあるか否かも確認するつもりだった。また、最悪の場合は、相手が賄賂を使うことによって（自分が知らない間に）登記そのものを変えてしまう可能性も考えておかねばならない。

私はA氏にインドネシアの登記事情を説明し、課題を整理し、さらにバリ島の弁護士に調査をさせ、意見を提出してもらった。その結果、A氏は事業継続が完全に無理だということを納得してくれたので、取り返しのつかない事態は避けることができた。

結局、本件は私のビジネスにはならなかったが、それでよいのだ。不健全な詐欺的投資案件を防止し、日本企業を救うことこそ私の願いであり、またJ氏もますます私を信頼してくださることとなる。こうしたことこそ、本当の意味での私の財産になるのだから。

●裏の事情を読み解けば…

本件の裏にあった事情、推測できる事情などを私なりにいくつか列挙して、読者の参考に供したいと思う。

①本件では、日本人Bと地元民Cがグルであったことは、まず間違いない（あるいは、Cの親や一族も）。Bは裏でリベートを受け取る約束になっていたのであろうが、そうし

たBのような役割を日本の税理士などに行わせることも多いので、日本の方には十分に注意していただきたい。

②村長にも賄賂が約束されていた可能性がある。村長は「私の取り分はいくらですか?」とCに聞いたかもしれない。また、まだ賄賂の金額や条件が決まっていない段階で開発許可が確定することはないと考えることもできた。

③A社が本件に投資してしまった場合、次のようなことが生じてしまった可能性がある。

(ア)A社の現地法人を設立する手続をBが約束しても、実際にはBからA社に「もう少し設立費用がかかる」といった連絡が何度も行われ、いつまでたっても設立が実現しない。(これは様々な国の詐欺案件でよくあるパターンである。)

(イ)設立できた現地法人に資本金を送金すると、それが持ち逃げされてしまう。あるいは、それが様々な名目でBに使われてしまう。

(ウ)本件のために「機械が必要だ」「調査費が必要だ」などと、A社に対して次々に金の追加要求がなされる。

(エ)開発許可がなかなかおりない。

(オ)設計、建設などで次々と問題が持ち上がって、結局、開発を断念せざるを得なくなる。

図表3-10-1　日本の皆様に贈るインドネシア「戦陣訓」

甘い話（投資）に注意。 日本人経由で話を持ちこんで安心させる手口にも要注意。
現地の法律、慣習、地域性等を熟知した専門家が不可欠。
セカンド・オピニオンをとるべし。確実でハイレベルな専門家から。
日本のような登記制度は、海外にはほとんどない。偽造権利証、二重登記、賄賂にも要注意。
失敗事例は隠される。表に出ている（数少ない）成功例に惑わされるべからず。

もう一つ付け加えると、実は、本件のA氏のような個人だけでなく、日本の著名な大手不動産会社でも、海外プロジェクトを手がけるたびに「食い物にされている」例があるとJ氏が話してくれた。

●詐欺話でよく見られるパターン

J氏が言った。「詐欺話によくあるパターンというものがある。たとえば、『現地居住の日本人が絡んでいる』とか、その日本人が『私に日本語で言ってくれれば、私が地元の弁護士にやらせます』と言っているとか…」。するとA氏が、「それらのすべてが当てはまります。」と言われたそうである。

後日J氏は私に言った、「騙されている人に対してあからさまに言うと、逆に『そんなことはない』とムキになってしまうことがあるので、アリさんから冷静に事実を話してほしかったのです。詐欺話、ヨタ話だとは、最初からわかっていました。」「詐欺師は騙す相手をクスグるのも上手いのです。『さすが‼』とほめられたい人がのせられて騙されるパターンも多いです。」

また、J氏は、こうも言われた。「サラリーマン企業などでは、アブナイ話でも社内事情などによって『やらざるを得ない』というケースがある。わかっていても担当者には止められないことがあるのです。そうしたケースがでてきたら、その際もよろしく！」。

最近、大手日系企業からがノルマ達成のために、「ジャカルタですぐ投資できる案件」の紹介を依頼されたが、お断りした。これなども、投資のリスク・リターン分析などよりも、「組織の事情」が優先されている例と言えよう。

私はジャカルタ出身のインドネシア人であるが、東京に住み、このように日本語の読み書きも会話もできる。これは、日本政府による国費外国人留学生制度のおかげだ。そのことには本当に感謝している。今後も日本の方にできるご協力はしたい。その最初として、僭越ながら若干の「戦陣訓」をお贈りしたい。（図表3-10-1）

〈事例11〉

フィリピン進出
――『その「グレー」、本当にグレー？』

C&G法律事務所
岡﨑　友子

フィリピンへの外資の参入は原則自由であるが多くの例外が設けられている。例えば土地保有会社の外資出資比率は40％を上限とするし、レストラン事業を営む会社は非常に多額の資本金を入れない限り設立できない。そこで、フィリピン人による名義貸しという話が出てくる。だが、新規進出を検討している企業には特に注意してほしい。ここには「グレー」というワナが待っているからだ。

フィリピンではグレーという表現をよく耳にするが、本当にグレーであろうか。適法性に関し、法令や判例が存しない場合や、事実認定によって判断が異なりはっきりしない場合、グレーという言い方をすることがある。だが、外資規制業種における名義貸しによる外資規制の潜脱は、まぎれもなく違法（クロ）である。「もしかすると隠しておけるかもしれない」というだけであって、発覚すればクロである。にもかかわらず、新規進出サポートに携わる方々の中には、違法な名義貸しをグレーと説明する人もいる。

名義貸しの場合、書面上はフィリピン資本の会社であるし、当局も実態調査はおろかそもそも書面の精査すらしないこともある。発覚の確率が低いためグレーというのかもしれない。だが、企業関係者がリスクの実態を理解したうえで判断しているかには疑問が残る。

ある日本企業が、日系企業製造業A社買収のためのデューデリジェンスを行った際のことだ。土地保有に関する外資規制のため、土地保有企業と製造企業を切り離して二つの会社を作ることは一般的で、A社も同様であった。土地保有企業の書面上の株主構成はフィリピン資本60%で、外資規制上の問題はないように見えた。しかし、株式の60%を保有するのはフィリピン人個人で、A社従業員だった。フィリピン人従業員に名義を借りて土地保有を行っていたのだ。

こちらから聞く前に、そのフィリピン人従業員は、自ら「自分はダミー株主です」と(深刻なそぶりもなく堂々と)明かしてくれた。幸い、従業員とA社の間に軋轢はなく、その告白後も会社が告発されることなく無事に手続を進められた。だが、これは偶然の幸運にすぎない。というのは、ダミー株主による垂れ込みで外資規制違反が発覚することもあるのだ。悪い知恵のある人間が、分け前欲しさにけしかけることもあり得る。隠し事の苦手なフィリピン人の性格からして、ダミー従業員がうっかり悪意を持った人間に話しかねないのは怖いところだ。

法制度も実は怖い。ダミーのフィリピン人も、ダミーを利用した会社側も、法律で罰せられるが、この法律には報奨金制度がある。ダミー自身が通報すれば刑罰を免れるうえ報奨金まで受け取れる可能性がある。会社告発の動機づけが制度上設けられているのだ。

A社は、ダミー株主に対し、名義貸しの手当を毎月約1万5，000円支払っていた。大卒初任給が約5万円のフィリピンでは相当な額だが、それでも報奨金のほうがはるかに多額になり得る。なんと、違反者の罰金額（違反によって得た利益以上の額）の25％が報奨金額になるのだ。ダミー株主が悪意を持っていたらと考えるとぞっとする。

また、個人をダミーにすると、死亡した際のリスクもある。ダミーが死亡するとその株式を家族が相続し、名義上だけではなく実質的な株式の保有を主張する可能性もあるし、外資規制違反を告発される可能性もある。

従業員よりはましだと考えて弁護士にダミーを依頼する会社もあり、ダミーを引き受ける弁護士もいると聞く。数十年前の進出時に弁護士をダミーにしたが、当該弁護士の高齢化による死亡と相続リスクに悩む企業もある。ダミー利用時に、日付と譲渡先を空欄にした株式譲渡契約書へのサインを準備する会社もあるようだが、その法的有効性には疑問符が付く。

日系企業のダミー利用で罰せられる現実的リスクは高いものではない。だが、リスクを調査・理解の上、会社としてとり得るビジネスリスクと判断したのか、コンプライアンス上の問題はないか、疑問と懸念を投げかけたい。

A社の例では、アドバイスをした「コンサルタント」なる人物は既に日本に帰国し、当時の正確な状況は知り得ない。リスクについて詳しい説明を受けていないか、説明を受けたが理解していなかったかのどちらかのようだ。

ダミーのリスクを指摘したところ、A社は「コンサルタントから現地の慣行として勧められたストラクチャーにしたがっただけ」とのことで、違法性もその罰則の重さも認識していなかったと、ショックを隠せない状況だった。実際、会社の売却を検討していた矢先の出来事で、買収を検討していた企業にとっても重大な懸案事項となってしまった。A社は、グレーではなく、紛れもないクロの事例だった。それなのに、ショックを和らげようとしてその場に居たアドバイザーの口から咄嗟に出た言葉は、またしても「グレーです」だった。

近年、外資の保有割合の判断に関する最高裁判例や証券取引所通達などが新しく出ている。これにより、過去に一般的だったストラクチャーが明確なクロになる事態も多発している。法制は不変ではない。加えて、6年おきの大統領選で、種々の制度が変わるのがここフィ

図表3-11-1　フィリピン進出の戦陣訓

1. フィリピンは「グレー」だらけ
2.「クロ」をグレーと表現する人もいる
3. 安易な規制違反が大きなリスクをはらむ
4.「グレー」との説明を聞き流してはならない
5. 制度変更により「クロ」にもなり得る
6. 信頼できるアドバイザーが不可欠

リピンである。国のリーダーにより制度や運用が変わるこの国で、現在まかり通るかに見えるグレーな運用に頼ってよいのだろうか。過去に大丈夫だったから、他社が大丈夫だからといって、あなたの会社が大丈夫という保証はない。最終的なリスク判断は、法律事務所でもコンサルタントでもなく、会社の責任である。

分野を問わずフィリピンではグレーという説明が多い。だが、グレーを本当にグレーと信じて思考停止するのではなく、一歩踏み込んで「クロだったらどういうリスクがあるか」「他に方法がないのか」まで検討することが身を守ることになる。法務を窮屈に思う向きもあろう。あれもこれもダメだという意見は受け入れがたいだろう。しかし、今後、中国景気の失速、残されたフロンティアとして注目の高まるフィリピンへの進出の増加などの変化の中で、どこまでこの問題を無視できるだろうか。耳さわりの良い言葉に惑わされず、グレーと説明を受けた際には、納得できるまで説明を求める力、そしてコンサルタントでも弁護士でも信頼のおける者を選定する能力が必要である。

〈事例12〉

インドM&A、理論を超えた実戦

GCAサヴィアン株式会社
依田　和之

（1）現場でのストリートファイト

世界で最も成長する国

「経済成長が見込まれる唯一の国」。2016年1月、世界銀行が各国経済の成長見通しを引き下げるなか、ロイター紙がインド経済に向けた言葉だ。経済成長は、労働人口の増加と強い相関関係がある。各国機関が、インドを最も成長する国として捉える背景もここにある。

一般的に、人口ピラミッドにおいては、突出する世代が就業年齢に達する時、経済は急成長すると言われる。国連推計では、中国は、2029年に人口減少に転じ、世界一の高齢化国となる。一方、インドは2022年には中国の人口を追い越し、また、2030年には労働人口でも10億人に達する勢いである。インド政府は、増大するこの就業人口を武器に、持続的成長を企図する。

成長する国、インドへの進出、その際、M&A（合併・買収）やJV（合弁会社の設立）

を選択する日本企業も多い。一般に、クロスボーダーM&Aでは、十分な実態調査や、企業文化の見極めなどが重要とされる。他方、インドでは、これらに加え、「インド特有の事情」を盾にした人々との、特有の交渉戦略が求められる。

「インドだから」のロジック？

「これからインドは成長する。だから当社も成長する。買収価格にこの成長を加味するべきだ」。買収交渉の席、インド人株主からの言葉。あっけに取られる日本人担当者と、ため息まじりのアドバイザー。価格交渉の際、しばしば遭遇する場面だ。別の事例では、事業計画をインド側に求めた所、5年後に売上高が10倍になるという楽観的なシナリオが提示された。

国の経済成長が、直接的に、個別企業をけん引する訳ではない。各社の企業努力が重要で、そうした努力の結果、マクロの経済成長となって現れるはずだ。インド側との交渉においては、彼らの主張はさておき、対象企業の実態や成長性を十分に検証する必要がある。

「公正価格はいくらになるのか？外国人が、インド人からインド企業の株式を買取る場合、公正価格よりも高く買わなければならない」。別の交渉の席、インドの外国為替管理法の規制を盾に、「公正価格は○○ルピー。この価格以上でなければ売らない」と主張するインド側。「インドの規制だから」と繰り返し主張する。

実務上、対応する手段はあるにもかかわらず、「規制だから仕方ない。インドはこういうもの」と、インド側の曲折したロジックを受け入れてしまう日本企業も少なくない。経験のあるアドバイザーであればしっかりと見抜き、日本企業側をサポートする所である。

教科書通りには進まない現場での実戦

インド側は、「インドだから」を枕詞にして、理不尽に固有の事情を押し込んでくる傾向が少なくない。アドバイザーや弁護士でも、専門性や実務経験がなければ、時として、インド側のロジックに丸め込まれやすい。規制そのものに加え、実務的な取り扱いも理解した上で対抗策を考える必要がある。

現場のM&Aは教科書通りには進まない。相手は、次から次へと自分の言い分を主張してくる。彼らの主張を聞いて、粘り強く、焦らず進める形もある。他方で、時には、席を蹴って、交渉を終わらせるべき時もあろう。日本企業のなかには、インド側に気を使いすぎたり、また、条件を譲ってしまうケースもあるが、臨機応変に、適切な「打ち返し」を実現することが不可欠である。

（2）インドにおけるM&Aディールメイキング

曖昧なM&Aプロセス

「いつでも何でもオープンに話しましょう」。成長する国インドへの進出と、M&A案件開拓の特命を受け、インドに出張してきた日本人担当者。インド企業側から何度も耳にした言葉だ。価格もスキームも幅広に議論できるらしいが、結局、インド側の希望がわからない。スケジュールも確定していない。曖昧なまま途方に暮れ、帰途についた。

インドのディールメイキングにおける特徴が、曖昧なスケジュールやプロセスである。多くのケースで、M&Aはだらだらと始まり、噂と憶測の中で、いつのまにかディールが終わる。日本や欧米のように、きっちりと入札プロセスが実施されるケースは稀で、水面下で話が進む場合が殆どだ。スケジュールが決まっていない、インド側につくアドバイザーも確定しない状況で、「魅力的だが、まだ案件化していない」と思っていた矢先、競合他社が買収してしまった事例もある。

こうした状況がなぜ生まれるのか。一つには、少しでも魅力的な選択肢や、良い交渉相手を選びたいというインド側の心理がある。固定的に、プロセスや工程を設定する発想が、なかなか生まれない。次に、相手からの提案を吟味する形をとり、条件交渉を有利にしたいという発想もある。自分からは条件提示せず、「つねにオープン」と言明する態度につながる。三点目としては、インド側につくアドバイザーの事情も見え隠れする。インド人経営者は専門家報酬をあまり払いたがらない。結果、インド側アドバイザーとしては、手間・労力・コストをかけて、入札プロセスを仕切ったり、さまざまな資料を作成し、案件を推進する動機が生まれず、安易に、日本企業とインド企業をマッチングさせるだけの行動に繋がりやすい。

ディールメイキング、マイナスをプラスに

日本企業からすると、開放的かつ曖昧な進め方は、非常にわかりにくい。ただ、厳密にスケジュールに縛られないため、かえって柔軟な対応が可能になるし、それは時に日本側に有利になる。きっちりと定められたスケジュールの場合、日本企業は、社内調整や稟議に時間を要し、プロセスに遅れる場合があるからだ。また、水面下で話を進め、上手くいけば秘密裏に相対交渉にも持ち込める。曖昧なプロセスだからこそ、逆にそれを活用する戦略が有効といえる（図3-12-1）。

簡単には進まないインドM&Aにおいて、それをサポートする専門家の存在も重要である。インドへの出張に臆したり、インドに行ったこともない専門家もいる。実質を見抜くことが求められていると言えよう。インドM&Aを検討するに際しては、実績、経験、規

図表3-12-1　インドにおけるM&Aディールメイキング

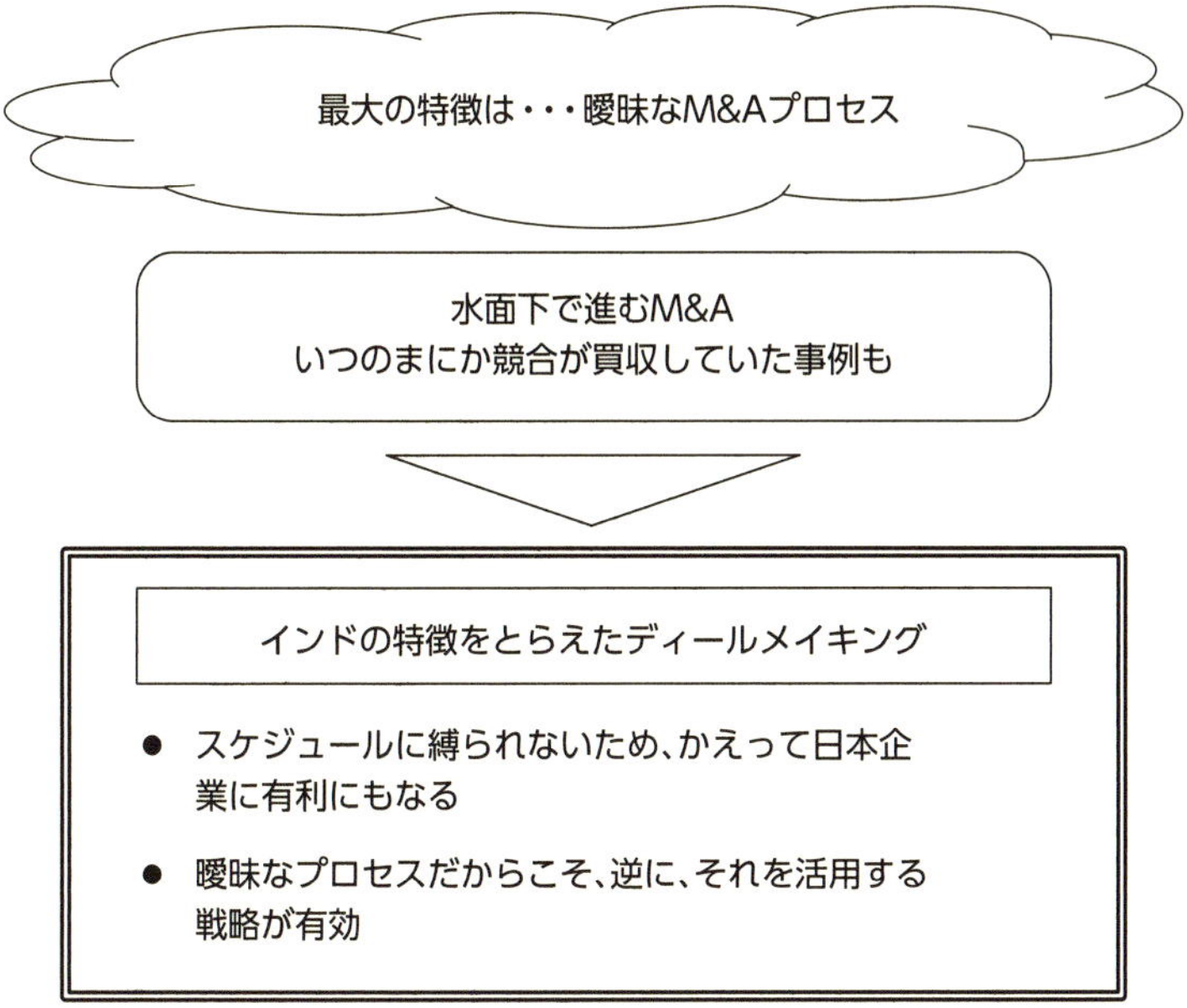
最大の特徴は・・・曖昧なM&Aプロセス
水面下で進むM&A
いつのまにか競合が買収していた事例も
インドの特徴をとらえたディールメイキング
● スケジュールに縛られないため、かえって日本企業に有利にもなる
● 曖昧なプロセスだからこそ、逆に、それを活用する戦略が有効

制の熟知、インドビジネスへの精通、現地でのネットワーク、インドに関する多様な知識など、確認する点は多い。とりわけ、タフな相手に気後れすることなく、泰然として交渉する胆力が、実は一番重要であると思う。

終章　アジア・ビジネス千夜一夜

PwCアドバイザリー
福谷　尚久

1．コネクションルート～日本人の知るアジアは狭い!?

「アジアは日本の裏庭」という表現を聞いたことがあるだろうか。中南米を「米国の裏庭」と称することへの対抗心からか、戦後賠償や長く続く地政学的なつながりからか、日本はアジアにとって特別な存在である、と官民ともに喧伝していたわけだが、それもどうやら遠い過去のことのようだ。

数年前に米国のあるビジネススクールが、ベトナムで東南アジアをテーマとする投資銀行セミナーを主催した。丸二日間で参加者も数百人という規模だったが、約60人の専門家パネリスト中、筆者は唯一の日本人として参加した。そこで発見したことは…日本人が知っているアジアとはある一面でしかない、という真実だった。そのセミナーでの、米国人とローカル人材を核とする〝専門家〟集団は、およそ筆者の知りうる人脈ルートやコンタクトポイントとはまったく異なる世界を有していた。カンボジア政府御用達の米国人弁護士や、日本関与の〝匂い〟が一切しない各国の政商たる華僑人脈など、話せば話すほど目から鱗が落ちる思いだった。

日本人にも各国事情の生き字引的な、一般人が舌を巻くような専門家が数多存在するが、今では「日本人の日本人だけによる」コネクションルートには〝危うさ〟を感じる。ごく最近も、日本勢の受注確定と思われていたインドネシア高速鉄道建設案件を中国にさらわれた例もあり、日本優位という一種の〝平和ボケ〟を払拭しない限り、真のアジアは見えてこない。

2. マネジメントスタイル～〝役割意識〟が肝要

アジアでは普通の家庭でも、家事や育児を任せるためのお手伝いさん（アマさん、と呼ばれる）を雇うことが多いが、日本人とその家族はなかなかうまく使いこなせない。その理由は、どうしても相手を慮り、敬う姿勢から人間関係を構築しようとするので、結果的に「ナメられてしまう」のだ。肝心なのは、アマさんの役割は何であるかを考えて、必要以上に〝理解ある雇い主〟を演じないこと。日本人以外の民族のアマさんへの接し方は、あえて人間関係には〝無関心〟で、分業概念で対処しているようだ。日本ではセルフサー

現地（ローカル人材）との接点の持ち方

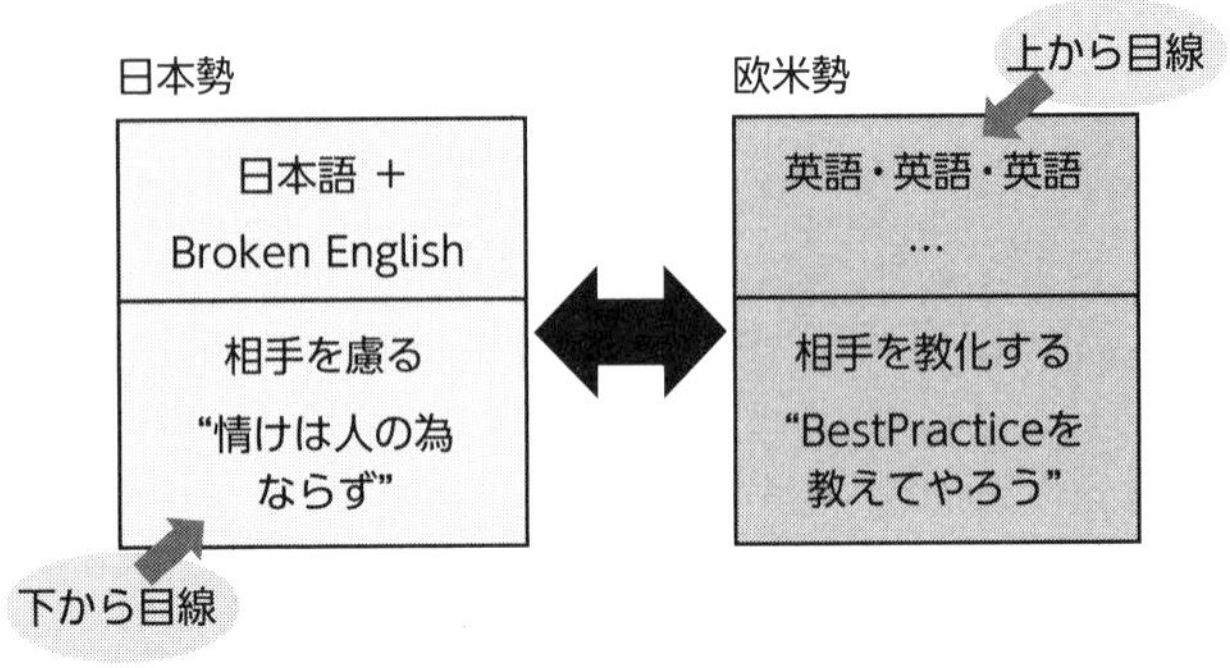

（筆者作成）

ビスの飲食店で、食べ終わった容器を自分で片づけなければ非常識な人間と見なされるが、アジアや米国などでは「あなたが片付けたら我々の仕事が奪われる」と文句を言われることさえある。「情けは人のためならず」とは真逆の感覚である。

次に、アジア在住の日本人派遣員によるローカル社員への接し方。一般的に語学があまり得意でない日本人は、日本語で対応してくれればそれで御の字で、日本語で喋ってくれることへの〝感謝の念〟さえ示し、盛り立てて家族的に扱う。欧米流の接し方は、〝英語・英語・英語…〟でいわば〝ベストプラクティスを教えてやろう〟と相手を教化するような対応だ。一概にどちらのやり方がベターとはいえないが、日本流が主流となることは少ない。人間関係の構築は自分の〝役割〟を意識することに解決の糸口がありそうだ。

3．あいまいなイデオロギー〜その実態は？

ベトナムは社会主義国であり、土地は国家に帰属する。だが2014年7月にようやく新たな土地に関する法律が施行されたものの、これまで表立って強権的な土地収容は行われていない。長らくハノイやホーチミンのような大都会でも、日本のバブルの時期のような〝歯抜け〟の土地が目立ち、大規模開発が進まなかった。いわば土地の強制収容もできない「温情的な社会主義」である。

その逆に、シンガポールは〝民主主義国〟であるものの、あらゆる物事は国家の管理下で進められ、半ば強制的な接収は日常茶飯事である。国民の間では、建国の父・故リークアンユー氏一族が国家の枢要なポジションを占めることや体制批判が憚られ、国家のためなら自己犠牲を厭わない雰囲気も醸成される。事実筆者も、在星時にローカル人材採用面接において、外地で日系金融機関で働いていることを「国家（筆者の場合日本）にどれだけの貢献するものなのか」と逆に質問されて面食らった生々しい記憶がある。同国が「明るい北朝鮮」とも言われるゆえんである。

一方日本も諸外国からは、相続税の高さや「出る杭は打たれる」文化背景から、〝世界で最も統制のとれた（sophisticated）社会主義国だ〟と揶揄されることもある。かつて筆者も立志伝中の中国人の企業家に、「資本主義とはなんたるかを教えてやろう」と言われ

たことさえあった。

4．交渉術～安心は禁物

契約締結において対照的なのがインドと中国である。インド企業との交渉では、契約書にサインするまでが大変だ。ある実例では交渉と合意を経て、明日が契約調印日となったタイミングで、突然インド側から「オーナーがこの価格では合意できないと言い始めた」との通知。こうした場合には一切の変更を認めず、調印延期や交渉の決裂も辞さない態度で臨むべきで、結局は合意内容に全く変更を加えず収拾することができた。ただし順法意識の高い旧英連邦の一国ということもあり、サイン後はきっちりと契約内容を遵守するようだ。

一方中国企業との交渉では、契約締結は交渉の一里塚に過ぎず、サイン後に約束を反故にされることも。最も典型的なのは、契約調印後に「やっぱりやめた」と通告されるケースで、多くは「もっと良い条件を出す相手が現れた」という理由によるもの。一旦契約締結しても、水面下で別の相手と交渉を続けているのだ。法的拘束力を盾に履行を迫っても、「ここは中国。訴えるのは勝手だが勝ち目はないぞ」という開き直りと共に、司法当局や政府機関との密な関係を匂わせるのが常套手段。契約を結んでからが交渉の本番、と考えておく必要がある。仮に翻意させても前言を翻すような相手と組めるのか、という根本的な問題が残るが、これはケースバイケースで対処すべきだろう。

5. まとめ

言うまでもなく、アジアビジネスの展開は容易ではない。事業計画や人口動態など、一般的には「科学的な」（サイエンス）分析手法が重視されるが、「人間的な」（アート）要素が加味されなければ最良の選択はできない。定量的な「科学的アプローチ」と、定性的な「人間的な側面」を比較衡量しながら、真実を見極める態度を持つことの重要性を指摘して、結語としたい。

〈編著者紹介〉

● **越　純一郎**（こし　じゅんいちろう）
㈱せおん代表取締役、㈱テイク・グッド・ケア（TGC）代表取締役。

1978年東京大学法学部卒業。日本興業銀行にて東京、ニューヨークの国際金融、投資銀行業務に20数年間従事。2000年より企業再生の現場経営者に転じ、その後、薬剤師向けEラーニングのTGC社の経営、児童教育テーマパーク「カンドゥー」の創業など、実業に従事しつつ、JR東日本、東京高検ほかの役員研修、各種企業顧問など、多数の企業・組織を指導・支援。タイの政府系銀行のシニア・アドバイザー、外国弁護士制度研究会委員（法務省）等を歴任。著書・講演多数。日本ほめる達人協会、Eパートナー（メンタルヘルス）等顧問。

e-mail：koshi@seon-inc.com

● **杉田　浩一**（すぎた　こういち）
㈱アジア戦略アドバイザリー代表取締役
ロンドン・スクール・オブ・エコノミクス・アンド・ポリティカルサイエンス（LSE）経済学修士。米系投資銀行のフーリハン・ローキー在日副代表、UBS証券投資銀行本部エグゼクティブディレクター等、長年にわたり、外資系投資銀行において海外進出に関するアドバイザリー業務に従事。その後独立し、日系企業のアジア戦略立案サポートを行う株式会社アジア戦略アドバイザリーを創業。東南アジアへの企業進出においてさまざまな企業に対する高品質な戦略アドバイスの提供を目指している。著書は「実践ミャンマー進出戦略立案マニュアル」（ダイヤモンド社）など。
e-mail：ksugita@j-asa.net　HP：http://www.j-asa.net/

● **福谷　尚久**（ふくたに　なおひさ）
PwCアドバイザリー合同会社　パートナー
国際基督教大学（ICU）卒業。コロンビア大学MBA、筑波大学法学修士、オハイオ州立大学政治学修士。三井銀行入行後、さくら銀行、三井住友銀行（NY）、大和証券SMBC（シンガポール）、GCAサヴィアン（中国現法代表やインド現法役員等を歴任）、及び現職にて日米欧亜のクロスボーダー案件のほか、敵対的買収関連案件、業界再編・MBOなど多くのM&A案件をアドバイス。著書は「M&A敵対的買収防衛完全マニュアル」（中央経済社）、「事例　中小企業M&A白書」（中小企業経営研究会）など。
e-mail：naohisa.fukutani@jp.pwc.com
HP：http://www.pwc.com/jp/ja/advisory/services-deals/corporate-finance.html

〈第一部、第二部：特別記事筆者紹介〉

● **坂口　恵**（さかぐち　けい）
ユーラシア・グループ日本代表
慶應義塾大学法学部法律学科卒業。ニューヨーク大学ロースクール修士（MCJ）。ソニー（株）の東京本社および米国現地法人にて法務、国際渉外、コーポレートコミュニケーション分野の統括職を歴任。その後、日本コカ·コーラ（株）バイス·プレジデント等を経て、2015年6月、ユーラシア・グループの初代日本代表に就任。

● **飯島　中夫**（いいじま　なかお）
三井不動産投資顧問株式会社 調査部 部長
東京大学法学部卒業後、三井不動産株式会社に入社、分譲事業、各種マネジメントシステム、情報システム、調査、新規事業開発等を担当。2009年より三井不動産投資顧問株式会社にて調査部長を務め各種不動産マーケットレポートを発行している。

● **影山　正**（かげやま　ただし）
クロール・インターナショナル・インク　シニア・マネジング・ディレクター
アジア太平洋地区統括責任者。筑波大学国際関係学部卒業。1999年にクロール日本支社に入社。2011年より現職。国内外の不正調査や、企業戦略に不可欠なマーケットおよび取引先のビジネス・インテリジェンスを手がける。

● **村崎　直子**（むらさき　なおこ）
クロール・インターナショナル・インク　マネジング・ディレクター
日本支社長。京都大学法学部卒業。ハーバード大学ケネディ行政大学院修了。警察庁、戦略系コンサルティング会社を経て2010年クロール日本支社に入社。2015年より現職。海外進出時のデューデリジェンスや不正調査を手がける。

〈第三部事例筆者紹介〉

● **池野　幸佑**（いけの　こうすけ）
山田ビジネスコンサルティング株式会社資本戦略本部兼海外事業本部
（大成法律事務所に出向中）
2011年弁護士登録、2012年1月、山田ビジネスコンサルティング入社。M&Aアドバイザリー業務に従事し、多数の国内M&A案件に関与。2014年5月より、中国最大手の大成法律事務所にて実務研修。設立（合弁含む）、撤退・縮小、債権回収、知的財産権対策、契約書審査、訴訟対応等、中国進出日系企業の法務全般に関わる。

● **菱村　千枝**（ひしむら　ちえ）
株式会社アジアン・アセットリサーチ、不動産鑑定工房株式会社　取締役、不動産鑑定士
大阪外国語大学中国語学科卒、北京・中央財経大学大学院経営学会計専攻修士、国交省地価公示評価委員、国税庁税務大学校講師（国際資産評価）等を歴任。日本及び中国の大手不動産鑑定事務所にて、国内外の不動産鑑定、中国の企業・不動産評価、会計監査、税務に従事。2007年、アジアン・アセットリサーチを設立。中国台湾を中心に不動産関連コンサルティング及び国内外バリュエーション業務に従事。
e-mail：hishimura@mail.plala.or.jp

● **高田　勝巳**（たかだ　かつみ）
唯来亜可亜企業管理咨詢（上海）有限公司　副董事長
株式会社アクアビジネスコンサルティング　代表取締役
拓殖大学中国語学科卒。大学在学中から卒業後にかけて中国遼寧大学と北京大学に留学。大手都銀上海支店駐在の1993年より上海に常駐、2002年に独立。独立系コンサルタントの草分けとして、日系企業に中国ビジネスの実践的アドバイスを行っている。

● **舟橋　宏和**（ふなはし　ひろかず）
株式会社KPMG FAS　ディレクター
横浜国立大学経済学部卒。ジョージ･ワシントン大学MBA。邦銀勤務を経てKPMGに入社し、クロスボーダー案件を中心として事業再生やM&A・ジョイント・ベンチャー（JV）に関連した事業計画策定業務などのアドバイザリー・サービスに従事。KPMGアジア・パシフィックにおけるJVプラクティスのメンバー。

● **佐々木　将平**（ささき　しょうへい）
長島・大野・常松法律事務所　バンコク・オフィス
東京大学法学部卒、南カリフォルニア大学ロースクール卒。弁護士（日本及びニューヨーク州）。長島・大野・常松法律事務所パートナー／バンコク・オフィス代表。2011年からタイに常駐して、日系企業のタイ及び周辺国（ミャンマー、ラオス、カンボジア、マレーシア等）の法務案件全般を取り扱っている。

● **西澤　滋史**（にしざわ　しげふみ）
西澤綜合法律事務所（東京）及び Nishizawa Legal Consulting Co., Ltd.（バンコク）代表
1998 年弁護士登録、2002 年タイのチュラロンコーン大学法学部修士課程卒業。

● **越　陽二郎**（こし　ようじろう）
タレンテックス　代表取締役
東京大学卒。2009 年、日本能率協会コンサルティング入社。2011 年、株式会社ノボット入社。同社の KDDI グループへの売却に伴い海外戦略部創設に参画、初代タイ駐在員に就任。2013 年、同年バンコクにて人材ベンチャー TalentEx（タレンテックス）を創業。

● **福井　信雄**（ふくい　のぶお）
長島・大野・常松法律事務所パートナー　シンガポール・オフィス代表
東大法卒、デューク大学ロースクール卒。弁護士（日本、ニューヨーク州）。2010 年から 3 年間のジャカルタの現地法律事務所勤務を経て現在はシンガポールを拠点に日本企業のアジア進出に伴う法務サービスを提供。

● **石渡　久剛**（いしわたり　ひさたけ）
KPMG ジャパン　インドネシアデスク　シニアマネジャー
大手鉄鋼企業の営業総括部門に勤務した後、2003 年朝日監査法人（現あずさ監査法人）に入所。2007 年に日本公認会計士登録し、会計監査業務に従事。2010 年から KPMG ジャカルタ事務所にて日系企業のサポートに携わる。著書に「中堅・中小企業のアジア進出ガイドブック」（中央経済社）がある。
HP：www.kpmg.com/jp

● **アリ・ウィドド**
グレース・トラスト合同会社代表社員
ジャカルタ出身。日本の国費外国人留学生として 1991 年に来日。国立大学大学院（工学）を卒業した後、約 15 年にわたり日本で各種実業に従事。日本国内における不動産投資を行うほか、現在、日系企業との共同投資としてインドネシアにおける不動産開発も手がけている。日本語、インドネシア語、英語のいずれも堪能で、インドネシアの政治・文化、産業構造、法制度に通じていることを生かし、インドネシアに進出する日系企業の支援したり、失敗や詐欺から日本企業を未然に救い出すなどして、両国企業の架け橋となったきた。NPO 法人国際不動産情報交流協会理事。工学博士。宅地建物取引士。
e-mail：grace.reit@gmail.com

● **岡﨑　友子**（おかざき　ともこ）
C&G 法律事務所ジャパンデスク
2007 年弁護士登録。外国法共同事業法律事務所リンクレーターズを経て 2013 年より C&G 法律事務所ジャパンデスクとして勤務。フィリピンに常駐して活動する唯一の日本法弁護士であり、パイオニアとしてフィリピンに進出する日系企業を法律面から日本語でサポートする。

● **依田　和之**（よだ　かずゆき）
GCA サヴィアン株式会社ヴァイスプレジデント。同社インド現地法人取締役。
国内金融機関を経て、GCA サヴィアン株式会社入社。国内及びクロスボーダー M&A 案件のアドバイザリー業務に従事。日印クロスボーダー案件も複数成約。2012 年にもムンバイ駐在しており、現在 2 度目の駐在。京都大学法学部卒。
e-mail：kyoda@gcakk.com

チャイナショックで荒れ狂う
アジアのビジネス・リスク　NDC336

2016年6月14日　初版1刷発行　（定価はカバーに表示されております）

© 編著者　越　純一郎
杉田　浩一
福谷　尚久
発行者　井水　治博
発行所　日刊工業新聞社
〒103-8548　東京都中央区日本橋小網町14-1
電　話　書籍編集部　03（5644）7490
販売・管理部　03（5644）7410
F A X　03（5644）7400
振替口座　00190-2-186076
U R L　http://pub.nikkan.co.jp/
e-mail　info@media.nikkan.co.jp
印刷・製本　新日本印刷（株）

落丁・乱丁本はお取り替えいたします。
2016 Printed in Japan
ISBN 978-4-526-07581-0